www.tredition.de

AF197452

Gaby Bothe

Spagat des Lebens

Ein spiritueller Weg zu sich selbst

www.tredition.de

© 2016 Gaby Bothe

Verlag: tredition GmbH, Hamburg

ISBN
Paperback: 978-3-7345-4211-4
Hardcover: 978-3-7345-4212-1
e-Book: 978-3-7345-4213-8

Printed in Germany

Inhalt

7. Hinterfrage die Zusammenhänge

8. Erkenne dich und dein Hiersein

Vorwort:

Gibt es sie wirklich, die Intuition?

Kann es sein, dass irgendetwas in uns den Weg kennt?

Dieses Buch richtet sich an alle, die davon überzeugt sind, dass Leben mehr sein muss als „arbeiten" und „Urlaub machen". Es richtet sich an diejenigen, die spüren, dass besondere Mechanismen am Werk sind und manchmal sehr mystische und zugleich informative Situationen und Umstände in unseren Alltag bringen. Durch die Annahme und das Erkennen, dass diese Umstände neue Lernaufgaben und Herausforderungen für uns bedeuten, erhalten wir die Möglichkeit, spirituell zu wachsen.

Als Fortsetzung des Buches „Schnitzeljagd des Lebens" geht dieses Buch tiefer in die Thematik hinein. Der Leser findet sich plötzlich selbst wieder und wird von einer Erkenntnis zur nächsten geleitet.

Für jeden Leser, der sich spirituell weiterbilden möchte und weiterhin mit beiden Beinen im Leben steht...

Spagat des Lebens

Kapitel 1: Selbst-Boykott ersetzen durch Selbst-Liebe

„Hm," Cassandra wirkte sehr nachdenklich, „jetzt hab ich so viel gelernt in den letzten Wochen und weiß immer noch nicht, was ich machen soll."

Sie saßen wieder in diesem netten Cafe´ in der Stadt und beobachteten die vorbeihetzenden Menschen.

„Was meinst du denn damit?" Mona klang etwas verwundert wegen der Nachdenklichkeit ihrer Freundin. Sonst war Cass eher gut drauf und zu Späßen aufgelegt. Jetzt schien sie irgendetwas zu belasten.

„Na ja, ich weiß jetzt, wie man sich jemanden vom Leibe hält oder so ähnlich – wobei ich der Trainerin Recht geben muss, dass man dafür offensichtlich länger braucht als ein paar Wochen. Dennoch, die eine oder andere Technik kenne ich ja jetzt. Nur, was kommt dann? Wie gehe ich anschließend mit diesem Menschen um, nachdem ich mich gewehrt oder ihm einfach nur Grenzen gesetzt habe. Wenn ich mit ihm z. B. befreundet bin oder der in meiner Nähe wohnt?"

Tja, diese Frage war äußerst berechtigt. In den letzten Wochen hatten sie die heftigsten „Geschichten" gehört und auch ätzende Dinge selbst erlebt. Die meisten erlebten zwar ein Happy End, aber vom Tisch waren damit die Krisen bei vielen noch lange nicht.

Cassandra fuhr fort: „weißt du doch selbst Mona, die Sache mit deinem Kollegen. Was hat der dich traktiert und belästigt. Du hattest zwar nach langer Zeit den Mut, dich zu wehren und deinen Chef um Versetzung zu bitten, aber wie du selbst sagst, ist er immer noch da. Klar, er sollte sich im ganz anderen Trakt eures Firmengeländes aufhalten. Aber ist es nicht so, dass du das Gefühl hast, er würde sich jeden Tag eine neue Strategie einfallen lassen, wie er dir über´n Weg laufen kann. Verstehst du was ich meine? Es ist noch nicht ausgestanden, weil der´s einfach nicht rafft."

„Ja sicher, da hast du Recht. Der Spinner rennt mir fast täglich über´n Weg und grinst mich an, so nach dem Motto ` irgendwann krieg ich dich´. Manchmal macht mir sein Gehabe auch Angst. Das ist an den Tagen, wenn ich sowieso nicht so gut drauf bin. An den anderen Tagen kann der mir mal „den Buckel runterrutschen", dann ignorier ich ihn einfach. Das regt ihn am meisten auf, das spüre ich deutlich."

„Genau das meine ich Mona, dass so ein Idiot immer noch in deinem Leben rumspringt und du ständig Angst haben oder zumindest auf der Hut sein musst. Das kann doch nicht richtig sein, oder?"

„Ja, wie gesagt, Angst hab´ ich nur an den ätzenden Tagen, du weißt schon." Mona schaute Cassandra geheimnisvoll an.

Klar wusste Cassandra, was Mona mit „den ätzenden Tagen" meinte. Aber darum ging es ihr im Moment gar nicht. Ihr ging es um Ergebnisse und um Klärung. Irgendwann musste doch jede Geschichte ein Ende haben, sonst würden alle Frauen bis zur Rente in Angst und Schrecken leben müssen. Was für eine gruselige Vorstellung.

„Überleg doch mal," Cassandra redete sich richtig in Rage, „du musst ständig darüber nachdenken, **wie** du ihm gegenüber trittst, dabei wirst du dann irgendwann immer merkwürdiger, immer gestresster, wirst essgestört und siehst dann eines Tages aus wie ein übertapeziertes Skelett. Stell dir das mal vor, wie schrecklich!"

Mona schaute ihre Freundin mit offenem Mund an. So hatte sie sie schon lange nicht mehr erlebt. Was war denn eigentlich los. Es gab überhaupt keinen Anlass für solche Aufregungen.

Sanft strich sie über Cassandras Arm. „Cass, was ist denn bloß los mit dir. Der Kollege hat doch gar nichts gemacht in letzter Zeit."

„Ja, noch nicht. Aber was ist, wenn er seine Strategie ändert, wenn er dir auflauert oder so. Was dann?"

Cassandra regte sich immer mehr auf. Düstere Gedanken zogen sich schon seit Tagen durch ihr Hirn. Sie konnte sie nicht loswerden. Da half keine gute Musik, kein gutes Buch und leider auch kein Spaziergang. Immer wieder gruben sich diese dunklen Gedanken in ihr Bewusstsein, so als wollten sie hämisch lachend sagen, „wir sind immer noch da."

„Oh wie süß, du machst dir Sorgen um mich!"

„Ja, um dich, um mich und um alle Frauen auf dieser Welt. Ich weiß auch nicht, was mit mir los ist."

„Oh Cass, du hast dich immer schon um das Wohl Anderer gesorgt. So bist du halt. Schade nur, dass du mittlerweile durch die Schreckensberichte der anderen Mädels deine positive Lebenseinstellung verloren hast. Weißt du noch?

Du warst bisher diejenige, die mir gesagt hat, dass es immer eine Lösung gibt. Du warst es immer, die mir Mut gemacht hat, den Weg weiterzugehen. Du hattest uns angemeldet in diesem Kurs, damit wir endlich lernen uns zu wehren. Was ich sagen will ist, du bist eigentlich die aktivere von uns beiden, diejenige, die mit beiden Beinen im Leben steht und diejenige, die immer eine Idee hat."

„Ja, Mona, genau das ist es. Bisher hatte ich immer eine Idee wie es weitergehen könnte. Aber diese Ideen sind mir leider ausgegangen. In letzter Zeit fühle ich mich irgendwie total ausgelaugt und hilflos der Welt ausgeliefert. Keine Ahnung warum. Aber es ist so. Und mir fällt nix ein. Nix, womit ich mich wieder aufbauen und auf Kurs bringen könnte. Manchmal finde ich mich in Situationen wieder, in denen ich eigentlich etwas tun müsste aber diese aus irgendeinem Grund über mich ergehen lasse. Mein Chef letztens hat mich angezählt obwohl ich keinen Fehler gemacht hatte. Ich ließ es geschehen, ohne den Versuch zu unternehmen, die Sachlage zu klären. Verstehst du? Ich toleriere Sachen oder Zustände obwohl sie mir nicht gut tun. Ich erfinde Ausreden, um nicht tätig werden zu müssen oder ich tue Dinge, von denen ich eigentlich schon von vornherein weiß, dass sie nicht funktionieren und ärgere mich anschließend über das Ergebnis. Das ist doch bescheuert, oder nicht?"

„Hm, versteh ich gut, weil es mir irgendwie ähnlich geht. Komm, lass uns noch einen Cappuccino mit viel Sahne bestellen. Das macht uns bestimmt wieder gute Laune."

„Ach Mona, du bist immer so praktisch." Cassandra konnte zumindest schon wieder lachen. Sie vermisste ein bisschen die Leichtigkeit, die sie sonst immer ihr eigen nennen konnte. Diese Schwere war ihr zuwider. Es regte sie auch auf und deshalb wollte sie diese unangenehmen Gedanken so schnell wie möglich wieder loswerden. Der Ober kam und brachte ihnen zwei große Tassen mit dem warmen Getränk. Und so, als hätte er gemerkt, dass sie gute Laune bräuchten, hatte er mit dem Kakaopulver jeweils zwei Herzen auf die Sahne gemalt.

„Ach wie niedlich. Siehste, der will uns auch aufheitern." Sie lächelten den Ober an, der ihnen aufmunternd zuzwinkerte.

Ganz, ganz langsam verzogen sich die dunklen Wolken in Cassandras Kopf und die Welt sah wieder etwas freundlicher aus.

„Weißt du Mona, manchmal glaube ich, dass ich mich selbst boykottiere."

„Wie meinst du das, Cass?"

„Das ist irgendwie ganz schwer zu erklären. Wie gesagt, ich tue manchmal Dinge oder unterlasse Dinge, obwohl ich es besser wissen müsste. Hinterher ist dann immer viel Theater oder zumindest gibt's eine Menge Probleme. Verstehst du, ich habe das Gefühl, als würde ich mir meinen ganzen Ärger selbst erschaffen. Hört sich komisch an, oder? Macht ja auch kein normaler Mensch, sich selbst Ärger erschaffen, meine ich. Und trotzdem. Ich vergesse Termine, die wirklich wichtig sind. Mein ganzer Schreibtisch ist voll von Hinweisen, wie wichtig dieser Termin ist – und dann, wenn ich anrufen oder sonst was tun müsste, ist es aus meinem Kopf verschwunden. Wie ausgelöscht. Nicht existent. Ich kapier das nicht. Früher war ich doch immer mehr als zuverlässig. Aber heute habe ich Angst, dass ich mich selbst ins Aus bugsiere, weil ich immer so schusselig bin. Das Ergebnis ist dann ordentlich viel Arbeit, um alles wieder hinzubiegen. Verstehst du was ich meine?"

„Ja, das nennt man Beschäftigungstherapie." Mona grinste übers ganze Gesicht.

„Oh, danke Mona, wie hilfreich. Diese Art Beschäftigung brauche ich nun wirklich nicht. Schließlich hab ich ja genug zu tun. Obwohl ich mir mittlerweile immer mehr Freiraum einräumen kann, weil mir als `alter Hase´ die Arbeit wesentlich zügiger von der Hand geht, als am Anfang. Das heißt, der Stress in der Firma wird tatsächlich weniger. Deswegen wundert´s mich umso mehr, warum ich trotzdem Termine vergesse oder ich mit meiner Art manchmal Menschen richtig vor den Kopf stoße, obwohl ich sie sehr mag. Das ist doch völlig dumm, so zu handeln. Es könnte alles so einfach sein, so glatt gehen, aber nein, das ist mir anscheinend **zu** einfach."

„Vermutlich stimmt das sogar."

„Wie meinst du das?" Cassandra wurde neugierig.

„Na ja, früher warst du immer `busy´, ständig in Eile, immer auf der Flucht, wie manche im Büro sagten. Heute könntest du dir Verschnaufpausen einräumen. Aber die gönnst du dir nicht. Du weißt anscheinend gar nicht, wie das geht. Vermutlich hast du sogar ein schlechtes Gewissen, wenn du mal auf deinem Bürostuhl sitzt und träumend in den Himmel starrst."

„Hm, da ist tatsächlich was dran, Mona. Ja, es ist so. Mir fällt es schwer zu entspannen oder einfach mal nichts zu tun. Völlig undenkbar für mich."

„Ja genau das meine ich. Du gönnst dir nicht mal eine Pause, wenn du krank bist. Das nennt man `Selbstzerstörung´, das weißt du, oder?"

„Hm."

Jetzt wurde Mona sehr lebendig. Ihr schoss eine Idee in den Kopf.

„Kannst du dich noch an einen Abend im Kurs erinnern, an dem unsere Trainerin vom EGO sprach. Dass sich das EGO von Konflikten und Ärger ernährt und uns deswegen verschiedene Situationen durchlaufen lässt, damit es satt wird?"

„Na ja, ganz so hat sie´ s nicht erklärt."

„Stimmt, aber so hab ich´ s verstanden. Verstehst du denn nicht? Dein EGO hatte früher durch deinen Stress richtig viel Nahrung. Doch heute bist du viel routinierter, da leidet es vermutlich Hunger."

Mona hatte schon fast Mitleid mit Cassandras EGO.

„Deine Theorie hinkt, Mona. Dann hätte ich ja etwas in mir, dass man vertreiben müsste, wie damals zur Zeit des Exorzismus. Das würde mir aber verdammt viel Angst machen. Ich finde, ich habe mein Leben immer noch sehr gut im Griff. Manchmal fehlt mir halt die Kontrolle."

„Ich meine ja nur." Mona lenkte ein. Sie spürte deutlich, dass dieses Thema bei Cassandra tiefer saß als sie selbst zugeben wollte. Da ließ man sie am besten in Ruhe. Dennoch konnte sie´s nicht ganz lassen: „vielleicht brauchst du so etwas wie einen Computer, der morgens beim Zähneputzen sagt, welche Termine du an dem Tag hast. So nach dem Motto: guten Morgen Cassandra (Mona verstellte absichtlich ihre Stimme und ließ sie männlich wirken) ich hoffe, du hattest eine angenehme Nacht. Folgende Termine stehen heute an."

„Du bist unverbesserlich, Mona. Obwohl die Idee gar nicht mal so schlecht ist. Das hätte tatsächlich was. Vermutlich gäbe es dann weniger Ärger und ich müsste mich nicht ständig rechtfertigen. In letzter Zeit häufen sich nämlich die Zurechtweisungen und Kritiken am Arbeitsplatz und im meinem Privatleben. Irgendwie hat jeder etwas an mir auszusetzen und jeder mäkelt an mir rum. Die Problematik ist, dass sie ja irgendwie alle Recht haben. In letzter Zeit passiert mir ein Schnitzer nach dem anderen. In meiner Abteilung vermutete schon jemand Absicht dahinter. Diese Anschuldigung konnte ich dementieren, aber dennoch. Es ist erschreckend, wie viele Fehler mir in letzter Zeit unterlaufen.

„Ja, aber du bist doch immer so gewissenhaft. Ich weiß ganz genau, dass du alle deine Entscheidungen mehrfach überprüfst. Tust du das denn jetzt nicht mehr?" Mona wirkte ziemlich überrascht.

„Doch Mona, aber interessant ist, dass ich, je mehr ich mich konzentriere und überprüfe, umso mehr Fehler mache. Manchmal verstehe ich meinen Kollegen sogar. Ich an seiner Stelle würde auch Absicht dahinter vermuten. Weißt du, genauso gut könnte ich mir jeden Tag einfach so auf die Finger hauen, das schmerzt genauso. Ich kapier´ s nicht."

„Puh, das ist natürlich echt erschreckend. So kenne ich dich gar nicht. Hast du das denn schon länger?"

„Na ja, so ungefähr ein halbes Jahr dauert das Ganze schon an."

„Dazu kommt, dass mich seit einigen Wochen eine alte Schulkameradin über Facebook ausfindig gemacht hat. Zunächst dachte ich mir nichts dabei, hab mich sogar gefreut, die alte Bekanntschaft wieder aufleben zu lassen. Aber sie kennt jetzt meine Telefonnummer und ruft mich fast täglich an. Irgendwas ist immer. Mal nervt ihre Mutter, mal stört sie, dass sie keinen Freund hat, dann gibt es auch bei ihr ständig Ärger auf der Arbeit – du kennst das, alles ist negativ und ich bin der Kummerkasten."

Cassandra vergrub ihr Gesicht in ihren Händen. Sie fühlte sich schlapp und wehrlos. Einfach nur kaputt. Mona versuchte sie zu trösten. Doch welche Worte helfen, wenn der Mensch sich quasi selbst an´ s Messer liefert.

„Sieh mal Cass" Mona startete einen neuen Versuch, „wir haben uns doch früher schon über Selbstboykott unterhalten. Darüber, dass wir es selbst sind, die sich die Dinge quer stellen. Die anderen führen es nur aus. Kannst du dich noch an den Kurs erinnern? Und zwar an den Tag, wo unsere Trainerin von Selbstliebe sprach? Sie sagte damals, dass vor allem Frauen für andere alles, für sich selbst aber gar nichts tun. Sie opfern sich auf, sie sagen niemals nein, wenn sie um Hilfe gebeten werden und beschimpfen sich dann noch selbst, wenn sie die Anforderungen der anderen nicht schaffen. Irgendwie erkenne ich dich darin wieder. Kann es sein, dass du unbewusst schusselig sein willst? Damit jeder Nachsicht mit dir hat?"

Cassandra hob den Kopf und sah Mona mit völlig entsetzten Augen an. „Das glaubst du von mir? Du glaubst, ich tue das nur, um nicht in die Verantwortung zu müssen?"

„Nein, nein, nein Cass, so nicht. So meinte ich es nicht. Ich weiß doch, dass du vor Verantwortung nicht wegläufst. Vermutlich muss ich es anders ausdrücken." Mona schnaubte fast und suchte verzweifelt nach den richten Worten. „Kann es sein, dass du dir durch deine Unüberlegtheit Arbeit erschaffst, damit sie nicht weniger wird und du weiterhin stolz auf deine harte Arbeit sein kannst. Oder bist du einfach nur zu müde, um dich mit dem ganzen langweiligen Quatsch auseinander zu setzen und daher lieber den Weg der schusseligen Angestellten oder Freundin wählst?"

„Hm."

„Vielleicht ist es ja auch dein EGO, das dich immer treffsicher ins Klo greifen lässt."

Cassandra schaute Mona immer noch an. Doch ihr Blick verlor an Entsetzen und wich dem Hauch eines Lächelns. Vermutlich hatte Monas Wortwahl dazu beigetragen.

„Vielleicht ist es jetzt an der Zeit, dass du das „Nein-Sagen" lernst. Wie du selbst sagst, bist du aufgrund deiner Firmenzugehörigkeit mehr als effizient und schaffst alles sehr zügig. Das verführt natürlich die anderen Kollegen dazu, dir immer mehr aufzubürden, frei nach dem Motto: die schafft das schon. Natürlich kannst du deinen Kollegen unter die Arme greifen, aber doch nicht ständig. Du boykottierst dich unbewusst selbst, damit du wachgerüttelt wirst. Dein tiefstes Inneres will dir sagen: `Cass hör auf, alles für andere zu tun. Du verlierst dich selbst. Denke auch an dich. Liebe dich und sage öfter mal nein. Damit gibt's du den Kollegen die Chance, es alleine zu schaffen´. Die anderen Mitarbeiter lernen es ja sonst nie, wenn du ihnen quasi alle Erfahrungen wegnimmst. Hast du daran schon gedacht?"

„Hm, so hab´ ich das noch gar nicht gesehen. Du glaubst, ich nehme anderen durch meine `Gutmütigkeit´ die Lernprozesse weg?"

„Ja, glaub ich. Außerdem glaube ich, dass du durch deine angebliche Schusseligkeit unbewusst nach Aufmerksamkeit rufst und in die Opferrolle rutscht. Weil dir aber niemand Mitleid entgegenbringt, leidest du. Da schließt sich der Kreis. Boykott – Leiden – Nahrung für dein EGO, das dir immer zuflüsterst, das schaffst du nicht."

„Boh Mona, das ist harter Tobak. Das muss ich erst mal verdauen. Deine Theorie könnte tatsächlich zutreffen, wenn ich mal ganz ehrlich mit mir bin."

„Ja Cass, das solltest du – ehrlich mit dir sein. Du weißt, ich bin deine beste Freundin und werde es auch immer sein, egal wie hampelig du dich anstellst. Dennoch bin ich auch vermutlich der einzige Mensch auf diesem Planeten, der dich wirklich gut kennt. Ich hoffe, du nimmst mir meine Theorie nicht krumm."

„Oh nein, ganz sicher nicht. Letztendlich bin ich sogar sehr froh, dass mir mal jemand einen anderen Denkanstoß gibt.

Du weißt ja, ich drehe mich schließlich schon seit Monaten im Kreis. Da wird einem ja ganz schwindelig. Eine Sache macht mir aber noch Kummer. Was ist, wenn ich Nein sage, die anderen dadurch sauer sind und sich von mir abwenden. Werde ich dann nicht noch einsamer sein, als ich es ohnehin schon bin?"

Man sah Cassandra an, dass sie damit ein echtes Problem hatte. Sie wirkte tatsächlich verzweifelt. Das letzte was sich wollte, war, auf weitere Freundschaften zu verzichten. Schließlich hatte sie als Single ohnehin schon genug einsame Stunden zu bewältigen.

„Ah, da mach dir man keine Sorgen. Erstens hast du ja noch mich und zweitens wirst du vermutlich neue Freunde finden und eine ganz besondere Freiheit für dich entdecken. Denn du bist nun nicht mehr abhängig von der Meinung anderer. Es kann dir nämlich egal sein, ob sie dich mögen oder nicht. Du machst dein Ding, bleibst höflich und hilfsbereit bis zu einem gewissen Grad und kümmerst dich selbst um dein Wohlergehen. Das ist doch ein gutes Konzept, oder nicht?"

„So wie du es sagst, klingt es total logisch. Da könnte echt was dran sein. Weißt du was, ich probier's gleich morgen aus, wenn mein werter Kollege mir wieder zentnerweise Akten auf den Schreibtisch knallt. Ehrlich gesagt, freue ich mich schon auf sein Gesicht, wenn ich ihm alles wieder zurückgebe."

Mona spürte bei ihrer Freundin neuen Lebensmut und innere Freude. Etwas, das sie schon lange nicht mehr bei ihr wahrgenommen hatte. Wärme stieg in ihr hoch. Sie freute sich für Cassandra, dass sie wieder fröhlicher wurde. So kannte sie sie und so mochte sie sie.

Seufzend erhob sich Cassandra, gab Mona Geld und sagte: „ob du´ s glaubst oder nicht, ich hätte fast den Termin mit Claus verschwitzt. Wir wollten uns um Halb zum Badminton treffen. Wenn ich mich beeile, schaff ich es noch." Damit packte sie ihre Tasche und rannte zu ihrem Auto. Mona schaute ihr kopfschüttelnd hinterher. Ja, irgendetwas stimmte da nicht mit ihrer Freundin. Aber das würde sich jetzt ja hoffentlich bald ändern.

Mona winkte dem Ober, zahlte und ging langsam zu ihrem Bus. Im Gegensatz zu Cassandra fuhr sie lieber mit öffentlichen Verkehrsmitteln. Sie hatte noch Zeit, der Bus würde erst in 20 Minuten kommen. Entspannt setzte sie sich auf eine kleine Mauer und hielt ihr Gesicht in die Sonne. Die Wärme tat gut. Nach einem sehr nassen Winter war das heute der erste schöne Frühlingstag. An die Haltestelle grenzte ein kleiner Park mit vielen Obstbäumen und anderen Sträuchern. Der gelbe Ginster zeigte seine Knospen, die sich zaghaft öffneten. Ein schönes Bild. Hinzu kam, dass die Vögel zwitscherten obwohl die Straße viel befahren war.

Mona schloss die Augen und stellte sich vor, sie wäre auf einer bunten Blumenwiese mitten im Sommer. Ein Mann mit einem Blumenstrauß in der Hand und einem wunderbaren Lächeln im Gesicht käme auf sie zu. Er wirkte außergewöhnlich freundlich und öffnete seinen Mund als würde er etwas sagen.

„… tut gut, oder?"

Mona erschrak. Jäh wurde sie aus ihrem Tagtraum gerissen. Sie öffnete die Augen und vor ihr stand tatsächlich ein Mann, allerdings ohne Blumenstrauß. Gerade wollte sie ihn danach fragen, ließ es dann aber lieber, denn ihre Vorstellung von Humor teilte nicht jeder.

„Tschuldigung, ich wollte Sie nicht erschrecken. Aber die Sonne tut gut, oder?"

„Oh ja, da haben Sie absolut Recht. Wir mussten ja auch lange darauf verzichten in den letzten Monaten."

Der Mann setzte sich neben sie. Anscheinend wollte auch er mit dem Bus fahren.

„Sie sahen gerade so friedlich aus, als sie so in die Sonne schauten. Sieht man heute nur noch selten, dass Menschen die einfachen Dinge des Lebens genießen können. Dabei bekommen wir gerade diese völlig kostenlos geboten."

„Ja das stimmt. Da gebe ich Ihnen Recht. Ich finde, gerade im Frühling kann man sich an der Natur nicht satt sehen. Überall bunte Farben und der Geruch nach Sommer."

„Sie scheinen ja mit allen Sinnen zu leben, das gefällt mir."

Mona stutzte und wurde unsicher. Zweifel stieg in ihr hoch. Versuchte der Typ sie gerade an zu graben? Zwar sah er sehr gepflegt aus. Trug einen Anzug mit einem leichten Mantel darüber. Die Haare lockig in Form gebracht. Insgesamt ein stimmiges Bild. Dennoch. Er wirkte auch ein wenig mysteriös.

Unauffällig ließ Mona ihre rechte Hand in ihre Manteltasche rutschen. Dort befand sich ihr Hausschlüssel. Aus dem Kurs wusste sie noch, dass ein Schlüssel durchaus eine ernstzunehmende Waffe war. So für alle Fälle.

Als wenn er ihre Gedanken gelesen hätte, rückte der Mann ein wenig von ihr ab.

„Ich möchte nicht mit Ihnen flirten, keine Sorge. Das würde meine Frau auch nicht lustig finden."

Mona sah ihn überrascht an und stotterte: „woher, woher wissen Sie, was ich gerade dachte?"

„Nun, ich habe ein gutes Auge für Körpersprache. Und Ihre hat gerade Distanz signalisiert. Deswegen bin ich ein wenig abgerückt. Tut mir leid, wenn ich Ihnen zu nahe gekommen bin. Das war nicht meine Absicht. Ich unterhalte mich einfach nur gerne mit Menschen. Dabei erfährt man eine Menge. Denn jeder hat ja eine andere Lebenseinstellung und auch eine andere Erziehung genossen. Wenn dann noch die gemischten Kulturen hinzukommen, wird es wirklich spannend."

„Ah." Mona entspannte sich wieder etwas, ließ aber den Schlüssel vorsichtshalber noch nicht los.

„Was interessiert Sie denn so an der menschlichen Lebensweise?" Mona wurde neugierig.

„Also in erster Linie die Art und Weise. Wie Menschen denken, wie Menschen in bestimmten Situationen handeln, warum manche Menschen unbedingt an ihren Mustern festhalten und warum so viele Menschen Angst vor Veränderung haben."

„Puh", Mona war sehr überrascht, „das ist aber eine Menge. Sind Sie Psychologe oder so etwas?"

Der Mann lachte. Ein weiches, fröhliches und unbeschwertes Lachen. „Nein nicht ganz, ich bin Anthropologe und unterrichte hier an der Uni."

„Ach so, und was sind Ihre Erkenntnisse?"

„Tja, wie soll ich es sagen, die Menschheit hat sich zwar technologisch sehr nach vorne bewegt und wirklich Interessantes entwickelt. Bezüglich ihrer Lebensweise jedoch, ihrem Umgang miteinander oder auch mit der Tier- und Naturwelt sind sie eher Neandertaler geblieben. Zumindest aus meiner Sicht."

„Da stimme ich Ihnen nicht ganz zu, denn die Menschen gehen doch mittlerweile sehr gesittet miteinander um. Viele sind doch auch sehr höflich und zuvorkommend."

„Ja, oberflächlich gesehen stimmt das."

Mona nahm einen Anflug von Verzweiflung in der Stimme ihres Gesprächspartners wahr. „Können Sie mir Beispiele geben?"

„Ja klar. Sehen Sie, alleine die Werbung, die Mode oder sonstige materielle Dinge haben nur den einen Zweck: seht hier, wer ich bin. Erfolgreich, jung und dynamisch. Fast jeder in unserer Gesellschaft lebt nach diesen Idealen. Was machen aber dann die über 50-jährigen Menschen, diejenigen, die die zweite Lebenshälfte eingeläutet haben. Das Bild des jungen und dynamischen Menschen können sie nicht länger aufrecht halten. Was bleibt dann noch. Die Hülle wird alt und älter und darin versteckt ist eine tote, graue Masse. Ein seelenloses Konstrukt aus Haut und Knochen, nicht mehr fähig zu fühlen, zu leben oder zu lieben."

Mona spürte, wie sich ihr Gesprächspartner in Rage redete. Dieses Thema schien ihn sehr zu beschäftigen.

„Irgendwie stimmt das natürlich, was Sie sagen. Jeder will erfolgreich sein, finanziell abgesichert und dabei noch gut aussehen."

„Ja genau. Prinzipiell ist dagegen ja auch nichts einzuwenden. Wenn die Menschen gleichzeitig auch an ihr Innerstes, an Ihr Herz oder wenn man noch weiter gehen will, an ihre Seele denken würden. Aber das tun sie nicht. Sie belügen und betrügen sich gegenseitig und sich selbst. Sie beschneiden sich, wo sie nur können und leiden still vor sich hin. Kein Wunder, dass solch ein Mensch einem anderen ganz sicher keinen Erfolg, geschweige denn Freude oder Liebe wünscht."

„Finden Sie?" Mona fand die Worte etwas hart.

„Ja, sehen Sie selbst. Sie sind eine Frau. Keine Frau schafft es erwachsen zu werden, ohne an ihrer Figur rumzumäkeln und irgendeine unnütze Diät zu machen. Sie lernt schon früh, sich selbst nicht zu mögen. Sie bekommt durch Werbung, Eltern und Freunde gesagt, dass sie so, wie sie ist, nicht richtig ist. Du bist zu groß, zu klein, zu dick, zu dünn oder sonst was. Irgendetwas stimmt ganz sicher nicht. Und so beginnt ein junger Mensch schon früh, sich selbst zu beschneiden. Das mollige Mädchen isst nur noch Salat, obwohl sie viel lieber ein saftiges Steak essen würde und der zarte Junge trainiert so hart mit Hanteln, dass ihm fast die Muskeln um die Ohren fliegen. So nach dem Motto, `nur nicht auf der faulen Haut liegen, auch nicht bei schönem Wetter in den Wald gehen, sondern ab ins Fitnessstudio´. Verstehen Sie, was ich meine, Menschen quälen sich selbst, weil sie einem erfundenen Ideal nachjagen. Und wenn dann jemand mit perfekter Figur und hübschem Gesicht vorbeikommt, werden sie neidisch und gönnen ihm diese Optik nicht. Wir suchen nach Fehlern und lästern was das Zeug hält. Völlig unnütz, wenig hilfreich und kontraproduktiv für beide. Bei all dieser Quälerei bleibt natürlich die zwischenmenschliche Beziehung auf der Strecke. Sehen Sie, so wie wir beide uns hier gerade unterhalten. Das gibt es eigentlich gar nicht mehr oder zumindest nur noch äußerst selten."

Mona lenkte ein. „Na ja, mag sein, dass Menschen sich nicht mehr auf Parkbänken oder in Wartehäuschen unterhalten, geht ja auch nicht, weil die meisten irgendeine Musik auf den Ohren haben oder in ihrem Smartphone blättern. Dennoch nutzen doch noch genug Leute die Möglichkeit, sich abends mit Freunden zu treffen und sich zu unterhalten."

„Das stimmt, man trifft sich tatsächlich noch unter Freunden. Aber schauen Sie mal genauer hin. Worüber sprechen die denn. Die Frauen über die Mode, Diät oder wie ätzend ihr Freund gerade ist. Und die Kerle diskutieren lieber über das letzte Fußball-Spiel oder sprechen über technische Details ihres Handys. Alles oberflächiger Kram. Verstehen Sie. Niemand wird das, was ihn wirklich bewegt, offen aussprechen, Niemand." Der Mann seufzte.

„Ja verstehe, denn damit macht er sich angreifbar und andere nutzen solche Offenbarungen schamlos aus. Aber was war denn früher anders. Also ich meine ganz weit früher?" Sie lächelte ihn an, denn mit den Jahreszahlen hatte sie es nicht so genau.

Es störte ihn anscheinend nicht, denn er lächelte zurück. „Nun in den alten Kulturen gab es mehr Gemeinschaft, die Alten hatten noch etwas zu sagen und die Jungen hörten zu. Man lernte voneinander, respektierte Alt und Jung und traf gemeinsame Entscheidungen. Heute lebt jeder nur noch für sich selbst, ohne Rücksicht auf andere. Erschreckend ist auch, wie wenig Wichtiges alte Menschen zu sagen haben. Sie haben zwar ihr Leben gelebt, oftmals ein sehr, sehr hartes Leben, aber daraus keine Lehren gezogen. Das heißt, sie entwickeln keine Lebensphilosophien, stumpfen mit den Jahren ab, ziehen sich in ihr eigenes Schneckenhaus zurück und werden dement. Die jungen Menschen sehen nur noch hilfsbedürftige Alte und empfinden diese Jahrgänge als belastend und wenig weise. Sie wenden sich ab, bauen neue Altersheime, verfrachten die Alten da rein und leben nur noch für sich. Das ist der Unterschied. Die Egozentrik der heutigen Zeit ist nicht mehr zu überbieten. Vielleicht ist dieses Bild zu düster. Doch im Moment empfinde ich so."

„Ja genau!" Mona wurde plötzlich ganz lebendig. „Das hab ich gerade meiner Freundin auch gesagt. Nämlich, dass ihr EGO sich von Stress und Ärger ernährt und sie deshalb in ätzende Situationen treibt."

„Oh, so kann man das vielleicht nicht gerade sagen. Denn dann wären wir ja alle fremdgesteuert. Irgendwie Marionetten, deren Fäden eine übergeordnete Macht in den Händen hält. Das glaub ich eher nicht. Obwohl – manchmal sieht es tatsächlich so aus. Aber irgendwie haben Sie gar nicht mal so Unrecht. Denn unser EGO pfuscht uns wirklich immer wieder dazwischen. Es treibt einen selbstzerstörerischen Plan mit uns. Das heißt, immer wenn wir ihm nachjagen, das bedeutet, uns ausschließlich um Äußerlichkeiten kümmern, sind wir in den Fängen unseres E-GOs. Es erinnert uns in solchen Situationen an unsere alten Unzulänglichkeiten und bietet uns als Lösung immer nur alte Verhaltensmuster an. Und das, obwohl wir wissen, dass diese uns eher schaden als nützen."

Der Mann wirkte plötzlich sehr nachdenklich.

Mona unterbrach ihn, indem sie fragte: „meinen Sie diese Gedanken, die einem ständig im Kopf herumkreisen. Glauben Sie, dass diese negativen Gedanken, wie z.B.: ` das schaffst du nie´, oder ` lass das lieber, du weißt doch wie so etwas endet´, oder `vergiss den Termin, dann musst du diese Aufgabe nicht erfüllen´, all diese Gedanken uns hindern, uns zu verändern und weiterzugehen?"

„Ja, so ähnlich könnte man das ausdrücken. Wie haben Sie früher als Kind reagiert, wenn Sie einen Fehler gemacht hatten, der nicht offensichtlich zu erkennen war. Haben Sie geschwiegen? Und zwar auch dann noch, wenn jemand anderes dafür bestraft wurde. Hm, wenn Sie dieses Beispiel eindeutig mit `ja´ beantworten können, werden Sie als Erwachsener ebenso handeln. Sie werden tatenlos zusehen, wie ihr Kollege irgendwo reinrasselt obwohl Sie es verbockt haben. Selbst wenn Sie zögerlich die Angelegenheit klären möchten, wird Ihnen Ihr EGO immer wieder einreden, dass die Schweigemethode die Bessere ist. Verstehen Sie, das war ein altes Verhaltensmuster, dass eigentlich im Erwachsenenalter aufgelöst und durch neue, sozialverträglichere ersetzt werden sollte. Wir boykottieren uns manchmal selbst, stehen uns mit unseren Widerständen, Selbstvorwürfen und unserer unbewusst selbstinszenierten

Ungeschicktheit im Weg. Wir glauben nicht mehr an unsere innere Stärke, an unsere Talente und Liebesfähigkeit. Das macht natürlich unzufrieden und hält uns in einer Endlosschleife gefangen. Wir schaffen es nicht, unser EGO auf seinen eigentlichen Platz zu verweisen – nämlich denjenigen als praktischen Organisator, *nachdem wir* im tiefsten Inneren eine Entscheidung getroffen haben. Unser EGO hat in den letzten tausend Jahren die Funktion des „Entscheiders und Beraters" übernommen. Wir wissen, dass uns das nicht gut tut, werden immer ängstlicher und dann schlimmstenfalls krank."

Monas Augen weiteten sich. „Glauben Sie denn, dass jede Krankheit in schlechten Gedanken und alten Verhaltensmustern ihren Ursprung h…?"

Weiter kam sie nicht. Sie hörte auch die Antwort nicht, denn es wurde sehr laut um sie herum. Der Bus kam, sie verabschiedete sich hastig, stieg ein und wunderte sich darüber, dass der fremde Mann gar nicht mitfahren wollte, sondern aufgestanden war und sich in Richtung Tiefgarage bewegte. „Komisch, ich hatte das Gefühl, er würde auch auf den Bus warten. Hm, vermutlich hatte er einfach nur mal Spaß daran, sich zu unterhalten." Mona lächelte in sich hinein. Das war ja eine sonderbare aber zugleich auch sehr interessante Begegnung gewesen. Zwei wildfremde Menschen im lockeren Gespräch über weltbewegende Themen. Das erfüllte Mona. Solche Gespräche wünschte sie sich öfter. Und deshalb freute sie sich darüber, dass sie von Natur aus ein so offener Typ war, der sich halt gerne unterhielt und auch vor fremden Menschen keine Angst hatte. Früher wäre sie dem ausgewichen, aus Angst, dass irgendetwas Schreckliches passieren könnte. Sie hätte sich dann eingeredet, dass dieser Typ sie nur einlullen und dann vergewaltigen will und all „so´ n Zeug". War natürlich quatsch. Dennoch, wie hieß es so schön: „Vorsicht ist die Mutter der Porzellankiste." Früher wäre sie nach kurzem Wortwechsel aufgestanden und hätte den späteren Bus gewählt. Heute, nach dem Abschluss dieses Selbstverteidigungskurses, traute sie sich schon etwas mehr zu. Sie erkannte frühzeitig Angriffssegmente und hatte ja vorsichtshalber ihre Hand am Schlüssel gehabt. Das erzeugte eine enorme Sicherheit in Mona. Ja, sie war erwachsen geworden und konnte jetzt einfach mehr riskieren. Ein schönes Gefühl. Ein Gefühl von Größe und Freiheit. Fühlte sich toll an.

Sie war richtig stolz auf sich. Damals wäre sie hysterisch weggelaufen, heute war sie einfach nur vorbereitet. Das war ein Riesenunterschied, fand Mona. Denn aufmerksam hatte sie alle Anzeichen wahrgenommen und nach längerem Abwägen keine Gefahr erkannt. Dennoch war ihr Handeln nicht leichtsinnig gewesen, da sie ihre Hand schon am Schlüssel hatte. Sie konnte sich wirklich über ihre Entwicklung freuen. Sie wuchs förmlich in ihrem Sitz bei diesen Gedanken. Ja, sie war stolz auf sich und darauf, was sie in den letzten Jahren alles geschafft hatte. Erst die blöde Sache, mit dem Kollegen, der sie dauernd belästigte, dann der Abteilungswechsel und als Krönung der Selbstverteidigungs-Kurs. Alles innerhalb kurzer Zeit. Das sollte ihr mal jemand nachmachen, fand sie. Sie würde morgen Cassandra von dieser merkwürdigen aber durchaus spannenden Begegnung erzählen. Denn in dieser Art waren sie sich sehr ähnlich. Sie quatschten gerne und hatten selten Berührungsängste.

Spätabends, kurz vorm Schlafengehen, rief sie Cassandra an. Sie konnte einfach nicht mehr bis zum Morgen warten, um ihr von ihrer spannenden Begegnung zu erzählen. Ruhig und konzentriert hörte Cass zu. In ihrem Kopf raste es. Sollte dieses Zusammentreffen des Mannes mit Mona vielleicht gar kein Zufall gewesen sein? Könnte es sein, dass sich diese beiden Menschen treffen mussten, damit sie sich über dieses Thema unterhielten? Könnte es sein, dass Mona quasi die Übermittlerin dieser Erkenntnisse sein sollte, damit sie, Cassandra, eine Antwort auf ihre endlosen Fragen erhielt? Cassandra wurde schwindelig.

„Cass! Cass bist du noch da?", Mona klang besorgt. „Bist du umgefallen? Ach nee, dann hätte ich ja einen lauten Knall gehört. Geht´s dir gut?"

„Ja Mona, mir geht's gut." Cassandra antwortete etwas gequält. Diese vielen Fragen raubten ihr die ganze Energie. „Ich hatte gerade eine ganz verrückte Idee! Was, wenn dein Zusammentreffen heute Nachmittag gar kein Zufall war, sondern irgendwie ein Arrangement zwischen zwei Menschen, damit Erkenntnisse ausgetauscht und weitergeleitet werden? Verstehst du was ich meine. Es ist doch komisch, dass gerade in dem Moment, wo wir uns über diese Themen unterhalten ein Mann aus dem Nichts auftaucht und dir quasi `frei Haus´ Antworten liefert. Sehr merkwürdig und sehr interessant!"

Jetzt war es Mona, die nachdenklich schwieg.

„Hm, glaubst du, dass andere Menschen für uns Antworten haben, wenn wir ihnen nur genau zuhören?"

„Ja, könnte doch sein, oder. Dann würden Unterhaltungen jedenfalls wieder Sinn machen und nicht mehr so langweilig und nichtssagend sein. Du merkst doch selbst, wie sehr dich diese Unterhaltung beschäftigt. Sie hat also einen bleibenden Eindruck bei dir hinterlassen. Jetzt frage ich dich, welches Thema hast du zuletzt mit deinen anderen Freundinnen besprochen? Oder besser, kannst du dich überhaupt noch an diese Gespräche erinnern?"

„Hm, wenn ich ehrlich bin, nee. Kann mich tatsächlich nicht wirklich erinnern. Das übliche halt. Stress in der Firma, mit den Eltern, mit dem Freund usw. Nix Besonderes halt."

„Genau. Nichts Besonderes. Du sagst es selbst. Diese Gespräche verlaufen in Endlosschleifen. Immer und immer wieder derselbe Kram und dasselbe Drama. Wie bereichernd ist es doch, wenn ein Mensch dann mit ganz neuen Denkansätzen oder kritischen Gesellschaftsfragen um die Ecke kommt. Findest du nicht auch?"

„Ja stimmt, Cass. Das sehe ich genauso. Interessant ist aber auch, dass ich diesen Mann vorher überhaupt noch nie gesehen habe. Ich musste mich also auf ein Gespräch mit einem völlig Fremden einlassen. Dazu gehört schon eine Portion Mut. Gott sei Dank hab´ ich den ja jetzt etwas mehr."

„Sehe ich auch so, Mona. Dadurch, dass du nicht mehr so wie früher weggelaufen bist, hast du quasi zur Belohnung eine Menge erfahren. Das ist schon genial. Könnte es sein, dass das Leben grundsätzlich so funktioniert?"

„Du meinst, man trifft sich, tauscht Informationen aus und trennt sich wieder?"

„Ja, könnte doch sein oder? Ganz unverfänglich. Ohne Hintergedanken. Einfach nur so?"

„Tja, wieso eigentlich nicht. Damals, also wirklich damals, als es noch kein Radio, Fernsehen oder Internet gab, musste es ja auch auf diese Weise funktionieren. Und wenn wir mal ehrlich sind, über die Medien kann man sich zwar astrein über technische oder wissenschaftliche Dinge informieren. Aber die zwischenmenschlichen Erkenntnisse muss man immer noch am eigenen Leib erfahren. Daran wird sich nichts ändern. Problematisch wird es nur, wenn wir uns nicht trauen oder uns von unseren Gefühlen abschneiden und damit Zwischenmenschlichkeit nicht zulassen. Oder, noch schlimmer, sie im ganzen Getümmel der Medien vergessen. Die Ablenkungen sind schon groß. Da fällt es gar nicht auf, wenn man tagelang keine sozialen Kontakte mehr hat. Gefährlich, gefährlich."

„Ja, genau Mona." Cassandra gähnte herzhaft. „Ich bin tierisch müde Mona. Können wir uns morgen weiter über diese philosophischen Dinge unterhalten?"

„Klar, natürlich. Schlaf schön beste Freundin."

„Danke, du auch. Bis morgen dann."

Nachdenklich beendete Cassandra das Telefonat. Sie hatte das dumpfe Gefühl, dass dieses Gespräch noch lange in ihr nachhallen würde. Aber jetzt war sie wirklich todmüde. Konnte kaum noch die Augen aufhalten. Im Schnellverfahren durchlief sie das Bad, krabbelte in ihr Bett und fiel sofort in eine Art Tiefschlaf. Sie träumte, sie wäre an einem Abgrund. Vor ihr ein sehr, sehr tiefes Tal mit schrecklichen Tieren. Hinter ihr tummelten sich merkwürdige dunkle

Gestalten, die ihr Angst machten. Sie müsste eigentlich weiter gehen, aber das ging ja nicht. Eine dunkle, krächzende Stimme höhnte: na, hast du Angst? Wie schön. Lecker. Du weißt, dass du ihnen ausgeliefert bist. Du schaffst das niemals. Du wirst abstürzen oder die Tiere werden dich fressen. Cassandra spürte im Traum, wie sich ihr Magen zusammenzog vor lauter Angst. Sie konnte sich kaum noch bewegen. Da sah sie plötzlich am anderen Ende des Berges eine weiße Gestalt. Die Gestalt lächelte und winkte ihr zu. Cass spürte Wärme und Frieden. Endlich wieder. Doch die Angst saß ihr immer noch im Nacken. Sie war hin und her gerissen. Was sollte sie nur tun. Weitergehen und den Absturz riskieren oder stehen bleiben und sich so gut wehren, wie sie konnte. Im Traum schloss Cassandra die Augen, atmete tief und sagte laut: Mut, ich brauche Mut, um vorwärts zu gehen. Ich kann nicht hierbleiben, es wäre mein Untergang. Aber ich traue mich nicht vorwärts, ich brauche unbedingt Mut. Eine sanfte Hand berührte sie. Es fühlte sich liebevoll an. Die weiße Gestalt stand plötzlich neben ihr, berührte sie am Arm. „Du schaffst es, vertraue und gehe vorwärts. Dir wird nichts geschehen. Ich begleite dich, denn ich bin dein Schutzengel. Vertrau mir." Cassandra schaute in liebevoll lächelnde Augen. `Es ist sowieso egal´, dachte sie. `Ich bin so oder so verloren, da kann ich genauso gut den Schritt riskieren´. Sie fasste sich ein Herz und tat den ersten Schritt ins Leere, ins Unbekannte, mit der Gewissheit zu fallen. Aber sie fiel nicht. Sie trat auf etwas Hartes. Eine Brücke. War vorher nicht zu erkennen. Jetzt aber deutlich zu sehen. Sie schien zu leuchten. Sie strahlte weiß/gold und endete genau am anderen Ende des Berges. Mutig schritt Cassandra weiter, begleitet von ihrem Schutzengel, der ihr immer wieder neuen Mut zusprach. Erschöpft aber auch erleichtert erreichte sie das andere Ende und schaute sich um. Die Brücke war verschwunden. Die dunklen Gestalten schnauften, stampften mit den Füßen und kreischten durcheinander. Sie konnten Cassandra nicht mehr erreichen. Cassandra hatte es geschafft. Sie hatte ihre Angst zurückgelassen.

Schweißgebadet wachte Cassandra auf. Sie zitterte immer noch am ganzen Körper. Dieser Traum war so real gewesen. Sie hatte das Gefühl, tatsächlich über diese Brücke gegangen zu sein. Erschöpft schloss sie erneut die Augen, doch an Schlaf war nicht mehr zu denken. Sie erhob sich, entledigte sich ihrer nassen Klamotten und ging unter die Dusche. Danach kochte sie sich einen Tee, kuschelte sich in ihren Bademantel und dachte noch mal über diesen Traum nach. Was sollte er bedeuten. Hatte er überhaupt eine Bedeutung oder war es einfach nur ein Albtraum. Sie wusste es nicht. Außerdem besaß sie null Erfahrung in Traumdeutung. Trotzdem spürte sie, dass es hier um etwas sehr Persönliches ging. Also um etwas, das speziell für sie selbst inszeniert wurde. Ja, sie spürte es deutlich, denn die hässliche Schwere der letzten Monate war verschwunden. Diese bedrohlichen Gedanken hatten einer neuen Hoffnung Platz gemacht. Sie fühlte sich wesentlich leichter und entspannter. Genau konnte sie dieses Phänomen nicht erklären. Aber es war so. Es war so, als hätte sie *tatsächlich* ihre Ängste hinter sich gelassen. `Ist denn so etwas überhaupt möglich. Einfach so, im Traum´. Ihre Gedanken überschlugen sich. Könnte es sein, dass sie heute Nacht eine wichtige Entscheidung getroffen hatte. Eine Entscheidung, für die

Zukunft? Sie wusste es nicht. Sie hoffte es. Das würde endlich etwas Erleichterung in ihren Alltag bringen.

Nach längerem Grübeln überfiel sie wieder eine bleierne Müdigkeit. Schnell ging sie ins Bett und entspannte sich. Sie schlief sofort ein – dieses Mal jedoch ohne zu träumen. Dieser Schlaf war zum Regenerieren gedacht, zum Erholen. Ausgeruht erwachte sie am nächsten Morgen. Voller Tatendrang. Voller Mut, die Dinge jetzt wieder in die Hand nehmen zu können und nach vorne zu gehen.

Kapitel 2: Jeder Mensch, der intensiv in dein Leben tritt, hat eine Botschaft für dich

Cassandra fühlte sich tatsächlich besser in den folgenden Tagen und Wochen. Ihr Alltag hatte wieder Struktur und sie vergaß nicht mehr die wichtigen Termine. Sie achtete darauf, nicht mehr ausgenutzt zu werden und sorgte sich nicht davor, dass die Kollegen sie vielleicht nicht mehr mögen würden. Dazu kam, dass sie kaum noch Energieverlust spürte und am Ende eines Tages nicht mehr so müde war. Sie besaß abends sogar noch Energie, sich mit Freunden zu treffen. Eine Tatsache, die schon lange nicht mehr möglich gewesen war. In den letzten Wochen hatte Cassandra alle Anrufe ignoriert und Einladungen abgesagt.

Jetzt konnte sie wieder am Leben teilnehmen und ihre sozialen Kontakte pflegen. Ihr Umfeld freute sich über die „alte" Cassandra. Diejenige, die immer so positiv und witzig war. Obwohl, irgendetwas war anders. Sicher, Cassandra witzelte weiterhin und lebte ihren Humor. Aber irgendwie wirkte sie stärker als früher. Sie ließ sich nicht mehr von anderen über den Mund fahren und sprach laut und deutlich ihre eigene Meinung aus. Das war keine vorgefertigte oder nachgeplapperte Meinung, nein, diese Aussagen von Cassandra schienen tatsächlich ihre eigenen Gedanken zu sein. Neuerdings scheute sie sich nicht mehr, Kritik auszusprechen oder auch mal kontrovers zu diskutieren. Das hätte es früher nicht gegeben. Cassandra, die „Harmoniesüchtige" wollte früher niemals anecken oder jemandem zu nahe treten. Diese Einstellung gab es jetzt nicht mehr bei ihr. Cassandra wirkte selbstbewusst und äußerte sich angstfrei selbst zu politischen Themen. Die Freunde nahmen es mit Befremden wahr. Denn mit dieser neuen Einstellung Cassandras war sie natürlich dem einen oder anderen auch unbequem. Der Freundeskreis klärte sich. Diejenigen, die diese neue Art mochten blieben, die anderen verabschiedeten sich und suchten sich andere Unterhaltungspartner.

Cassandra war es erstaunlicherweise egal. Sie hatte einfach keine Lust mehr, es jedem Recht zu machen. Sie wollte sich selbst zeigen und ihre eigene Meinung kundtun. Dabei achtete sie nach wie vor darauf, niemanden zu verletzen oder ungerecht zu verurteilen.

Selbst Mona war anfangs irritiert von ihrer „neuen" Freundin. Da sie die beste Freundin war und demnach den direkten Kontakt zu ihr pflegte, bekam sie natürlich auch mit, dass die Wandlung praktisch über Nacht passierte. Cassandra hatte ihr von ihrem Traum erzählt, sodass Mona dadurch ein anderes Verständnis für das Verhalten ihrer Freundin entwickeln konnte als die anderen.

So kam es, dass sich der Freundeskreis nur noch auf 5 Personen beschränkte. Ein Pärchen und drei Single-Frauen. Der einzige Mann in dieser Runde fühlte sich durchaus wohl mit seinen vier Frauen. Er trug auch viel dazu bei, in Diskussionen die männliche Seite darzustellen. Dadurch entstand eine natürlich Balance und irgendwie weniger Zündstoff, wenn heftig diskutiert wurde.

An diesem Abend ging es um das Thema Partnerschaft – mal wieder. Irgendwie war dieses Thema ein „Dauerbrenner". Lag vermutlich daran, dass wie gesagt, drei Frauen dieser Runde Single waren und irgendwie nie an den „Richtigen" gerieten. Irgendwas war immer. Irgendetwas störte sie immer an ihren Eroberungen. Mal war er zu hitzig, dann wieder zu ruhig, zu sensibel, zu unsensibel usw. Diese Liste schien kein Ende zu nehmen. Deswegen war es auch Claus, der Mann dieser Runde, der etwas ungehalten die ganze Sache auf den Punkt brachte:

„Sagt mal Mädels, wie kommt es nur, dass ihr an jedem Typen etwas auszusetzen habt. Sicherlich gibt es richtige Arschlöcher, aber die letzten Männer, die ich bei euch gesehen habe, waren eigentlich ganz passabel. Wieso gebt ihr ihnen nicht mal den Hauch einer Chance. Welcher Mensch schafft es denn schon, bei den ersten Treffen sich so darzustellen, wie er wirklich ist. Meistens tragen wir doch alle eine Maske vor uns her. Sie dient als Schutz aber auch, um sich von seiner besten Seite zu zeigen. Macht ihr schließlich auch. Wir Kerle sehen eine Frau, sagen uns, wow, hübsches Gesicht, tolle Figur und entscheiden uns dann, diese Frau näher kennen zu lernen. Wenn sie dann auch noch eine angenehme Stimme und Umgangsformen hat, beginnen wir daraus ein längeres Projekt zu machen. Ihr aber, streicht schon nach den ersten drei Dates die Segel. Als wenn die Pest dahinter stecken würde. Wenn er nach drei Dates nicht passt, dann kann er gehen. Und irgendwie findet ihr immer einen Grund dafür. Ist das nicht ein bisschen ungerecht? Da haben dann nur noch die absoluten Draufgänger eine Chance. Aber die wollt ihr auch nicht. Was wollt ihr eigentlich?"

„Puh, Claus jetzt hast du es uns aber gegeben." Betretene Gesichter bei den Frauen. Einzig Enya wirkte irgendwie fröhlich. Für sie traf es ja nicht zu, denn sie war die Freundin von Claus.

Cassandra antwortete als erste: „Claus hat gar nicht mal so unrecht. Prinzipiell stimmt es nämlich, dass wir uns selbst immer wieder einreden, dass der Mann, der gerade auf unserer Bildfläche erscheint, sicher nicht passt. Es ist fast zwanghaft. Wir suchen nicht nach dem Besonderen oder Schönen, sondern erkennen mit Argusaugen die Fehler, urteilen und gehen. Sieht tatsächlich schon fast nach einer Strategie aus.“

„Mmh“ jetzt meldete sich Maja, die die ganze Zeit noch kein Wort gesagt hatte. „Aber es ist doch so. Viele Männer daten uns und benehmen sich wie die Axt im Wald. Wo ist der aufmerksame Mann, derjenige, der den Frauen die Wünsche von den Augen abliest. Wo ist der Mann, der sich vorgenommen hat, eine Frau auf Händen zu tragen, wo?“

„Oh Maja, ich glaube, du suchst keinen Mann, sondern einen Retter oder Helden. Das wird natürlich schwierig. Außerdem würde das auch bedeuten, dass du besonders hilfsbedürftig bist.“ Claus sprach extrem ruhig. „Deine romantische Vorstellung von einem Mann oder vielleicht sogar von der Liebe, ist sehr gefährlich und nicht umsetzbar. Ein Mann, der sich so benimmt wie du ihn gerade beschreibst, ist dominant, kontrollierend und penetrant eifersüchtig. Willst du so etwas?“

„Äh, nein natürlich nicht. Der müsste auch liebevoll und mitfühlend sein.“ Maja schaute von einem zum anderen und stotterte ein wenig.

„Siehst du Maja, genau das meine ich. Du suchst den perfekten Mann. Den gibt es einfach nicht. Es gibt ja auch nicht die perfekte Frau. Zwei Menschen verlieben sich, wenn sie zu großen Teilen zusammen passen. Dennoch wird es immer die eine oder andere „Macke" bei beiden geben. Erst wenn jeder die Fehler des anderen akzeptieren und tolerieren kann, wird die Beziehung funktionieren.

Die anderen Frauen nickten zustimmend. Claus hatte Recht. Den perfekten Mann, die perfekte Frau gab es einfach nicht. Es wäre auch schlimm, wie sollten denn dann all die anderen durchs Leben kommen. Dennoch erklärte es immer noch nicht die Tatsache, warum so viele Menschen sich nach Liebe sehnten und alles taten, damit sie nicht in ihr Leben trat. Eine völlig paradoxe Verhaltensweise.

Jetzt meldete sich Mona zu Wort.

„Kann es sein, dass wir vor der Liebe weglaufen? Vielleicht weil wir Panik kriegen oder uns das alles zu eng wird? Kann es sein, dass wir Angst vor der Liebe haben?"

Das hörte sich irgendwie noch bescheuerter an, als das davor. Wieso Angst vor der Liebe. Jeder brauchte sie und jeder wollte sie, oder doch nicht?

„Wie meinst du das genau, Mona?" Cassandra wusste, dass Mona zwar immer impulsiv reagierte, dabei aber auch meistens sehr philosophische Ansätze „rausgehauen" hatte.

„Ja, weißt du noch Cass, wie wir uns darüber unterhalten haben, dass wir uns manchmal selbst boykottieren. Bei der Arbeit und so. Dass wir Fehler machen, obwohl wir genau wissen, dass man uns danach rügt und abmahnt und wir vielleicht sogar dadurch eine Beförderung verpassen?" Cassandra nickte bestätigend. Sie erinnerte sich noch sehr genau an das Gespräch.

„Siehst du, wir wissen ganz genau, wenn wir das so und so machen, werden wir ganz klar Kritik ernten und trotzdem machen wir es. Das ist doch völlig bekloppt. Das Resultat ist, dass wir nicht befördert und weiterhin jeden Tag die gleiche Arbeit tun müssen. Dabei hatten wir uns doch so viel vorgenommen. Kann es sein, dass wir in der Liebe genau so handeln. Dass wir weglaufen, damit der Mann nicht so nah in unser Leben tritt und womöglich morgens neben uns aufwacht. Damit wir weiterhin zwar unser langweiliges aber zumindest geordnetes Leben leben können?"

Vier Augenpaare richteten sich gespannt auf Mona. Das war ja mal ein ganz neuer Denkansatz. Interessant.

„Meinst du wirklich Mona, dass wir nur deshalb nach drei Dates gehen, weil wir die Nähe nicht aushalten?" Maja klang sichtlich verblüfft und auch ein wenig erschrocken.

„Könnte doch sein, oder? Warum legen wir sonst so ein verrücktes Verhalten an den Tag."

Jetzt kam noch einmal Claus ins Spiel. Ihm gefiel die ehrliche Art, wie die Frauen sich an die Themen heranwagten. Deswegen fand er ja auch diesen Freundeskreis zu spannend. „Mädels ich bin beeindruckt. Die meisten Frauen lassen sich auf solch eine Diskussion nicht ein. Sie weichen aus, wiederholen irgendwelche Phrasen, die sie aus den Medien aufgeschnappt haben und machen da weiter, wo sie aufgehört haben. Logischerweise mit mäßigem Erfolg. Ihr hingegen überlegt wirklich, was da schief läuft. Respekt. Und ich glaube, Mona hat gar nicht mal so unrecht mit ihrer These. Es ist ja längst erwiesen, dass die Menschen vereinsamen und sich in ihren Singlewohnungen verkriechen. Der Job, die Karriere, alles ist wichtiger als ein Mensch an der Seite. Dazu kommt, dass man sich nun mal in einer Beziehung sehr öffnen muss." Er warf einen lächelnden Blick auf seine Freundin. „Dieses Sich-Öffnen ist aber komplett aus der Mode gekommen. Überall begegnet einen nur Oberflächlichkeit und aufgesetzte Freundlichkeit und zwar gerade nur solange, wie diese Beziehung einen Vorteil bietet. Fällt dieser Vorteil weg, wie z. B. durch Krankheit oder Arbeitslosigkeit, wird die Beziehung beendet. Traurige Gesellschaft. Echte Nähe zwischen zwei Menschen sieht man nur noch selten. Wirklich nur noch selten."

Claus wirkte sehr nachdenklich und auch ein wenig traurig, als er das sagte. Ja, es missfiel ihm schon lange, wie Menschen miteinander umgingen. Für einen Mann war er aber auch außergewöhnlich empathisch.

„Ehrlich gesagt, macht es mir Angst mich jemandem komplett zu öffnen. Das ist so, als würde ich mich nackt ausziehen und ihm all meine verwundbaren Punkte offerieren." Cassandra spürte deutlich Unbehagen bei dem Gedanken, sich einem Menschen komplett anvertrauen zu müssen.

„Ja genau das ist es Cass!" Mona´s Augen funkelten. „Wir haben alle Angst davor verletzt zu werden, der andere könnte ja unsere wunden Punkte zu seinem Vorteil nutzen. Vermutlich haben wir das ja auch alle schon mal erlebt als Kind im Elternhaus, in der Schule oder sonst wo. Dennoch gebe ich Claus Recht. Ohne sich zu öffnen, wird es nicht gehen. Deswegen boykottieren wir uns selbst. Wir haben Schiss."

Jeder der Freunde liebte Monas direkte Art, Dinge auf den Punkt zu bringen. Alle lächelten ein wenig.

„Sag mal Mona, wie kommst du eigentlich zu dieser neuen Art zu denken?" Cassandra spürte irgendwie auch bei Mona eine deutliche Veränderung ihrer Herangehensweise.

„Tja, was soll ich sagen, ich glaube, dieses Gespräch mit dem unbekannten Mann von dem ich euch eingangs erzählte, hat in mir einiges ausgelöst. Ich stimme ihm nämlich in allen Punkten zu. Wir sollten aufhören zu jammern und uns wieder darauf besinnen, wer wir wirklich sind und was wir eigentlich wollen.

Enya schaute Mona lange und intensiv an. Fast war es Mona unangenehm, sie fühlte sich dabei wie beim Röntgen – durchleuchtet. „Enya warum siehst du mich so durchdringend an?" Mona klang jetzt doch ein wenig unsicher.

„Tja, ich kann es dir nicht genau sagen, Mona. Irgendwie bist du tatsächlich anders geworden, seit deinem Gespräch mit diesem Mann. Es war wahrscheinlich für dich eine intensive Begegnung. Wenn ich dich so ansehe, erkenne ich neuerdings in dir ein Selbstbewusstsein, das du vorher nicht hattest. Mir persönlich ist mal etwas Ähnliches passiert." An Claus gewandt: „Schatz, das hab´ ich dir noch gar nicht erzählt. Ist ja auch schon etwas her. Aber auch diese Begegnung hat mein Leben verändert. Das war im Wartezimmer beim Frauenarzt. Ihr wisst – sie blickte dabei in die Frauenrunde – unter 1,5 Stunden Wartezeit läuft da nix, wisst ihr ja. Man muss echt Zeit und Geduld mitbringen. Deswegen hatte ich mich mit einem guten Buch eingedeckt, weil mich die blöden Zeitschriften über Klatsch und Tratsch nicht interessieren. Auf jeden Fall, wie ich so in meinem Buch lese, spricht mich meine „Stuhlnachbarin" an: „Sie lesen auch nicht gerne dieses sinnlose Zeug da, oder?" Dabei grinste sie übers ganze Gesicht. Es war eine Frau mittleren Alters. Ich würde sie so auf Ende 40 schätzen. Normalerweise sind die Frauen im Wartezimmer immer sehr angespannt. Ist ja auch kein Wunder. Aber diese neben mir wirkte äußerst fröhlich und ruhte irgendwie in sich selbst. Sehr sympathisch. Sie lächelte mir zu, so, als wolle sie mir Mut machen, mich mit ihr zu unterhalten. Ich legte also mein Buch zur Seite und sie erkannte den Titel. Es war ein spirituelles Buch. Zu Hause hatte ich lange überlegt, ob ich mich trauen sollte, dieses Buch mitzunehmen. Denn genau davor scheute ich zurück, dass jemand mitkriegt, *was* ich lese und mich vielleicht deswegen kritisieren würde. Ihr wisst selbst, spirituelle Themen sind immer noch ein Brennpunkt in der heutigen Gesellschaft. Diese Frau jedoch war anders. Sie freute sich sogar, dass ich mich anscheinend mit dieser Thematik auseinander setzte. Wir unterhielten uns lange über dieses und jenes, über Freundschaft, die Gesellschaft allgemein und über das Leben. Zum Schluss gab sie mir ihre Karte – sie ist Heilpraktikerin und lud mich ein, mal in ihre Praxis zu kommen. Ob ihr es jetzt glaubt oder nicht. Diese Frau hat meine Nasennebenhöhlenentzündung in den Griff gekriegt. Ihr wisst, wie lange ich damit schon „rumhampele". Seit Wochen bin ich beschwerdefrei und kann wieder voll durchatmen. Hätte ich diese Frau nicht getroffen und hätte ich mich nicht auf ein Gespräch eingelassen, wäre ich wahrscheinlich immer noch verschnupft".

Pause. Alle schwiegen. Soviel Text hatte Enya schon lange nicht mehr in einem Stück von sich gegeben. Die Freunde wirkten überrascht aber auch angenehm interessiert. Denn es hatte Inhalt, das, was Enya so von sich gab. Sie sprach selten viel. Doch wenn sie sprach, war alles äußerst informativ.

Cassandra fand als erste ihre Worte wieder. „Wow, Enya, das war doch wirklich wunderbar für dich. Aber jetzt erkläre bitte, wie dieses Zusammentreffen dein Leben verändert hat? Denn das sagtest du ja eingangs?"

„Hm, wie soll ich das erklären, generell bin ich ja schon der etwas zurückhaltende Typ Mensch. Durch dieses Erlebnis bekam ich Mut, viel offener und vorurteilsfreier durch die Welt zu gehen und auch mal aus eigenem Antrieb Menschen anzusprechen."

„Und", Claus wurde nun doch neugierig, „hast du Erfolg gehabt?"

„Wie man's nimmt. Hin und wieder erwische ich wohl Menschen, die einfach kein Gespräch wollen. Die rücken dann eher von mir ab. Früher hätte mich das getroffen, hätte mir gedacht, mich mag sowieso keiner. Heute weiß ich, dass dieser Mensch einfach nur seine Ruhe haben will und die ablehnende Haltung nichts mit mir persönlich zu tun hat. Diese Erkenntnis finde ich schon mal bemerkenswert. Ich glaube mittlerweile auch, dass man diese besonderen Begegnungen sowieso nicht erzwingen kann. Sie werden sich ergeben – und zwar dann, wenn es für den einen oder anderen wirklich wichtig ist".

Jetzt mischte sich Maja ins Gespräch ein. Ganz aufgeregt war sie den Ausführungen ihrer Freunde gefolgt, denn sie hatte ebenfalls etwas Besonderes erlebt. Allerdings erkannte sie erst jetzt das Besondere daran. „Wisst ihr, das finde ich jetzt aber spannend. Denn mir ist auch etwas Ähnliches passiert. Damals hab ich nur nicht begriffen, dass dieses Zusammentreffen schon etwas Besonderes war. Ihr wisst ja, ich kaufe immer gerne im Bio-Supermarkt meine Produkte ein. Da ich nun immer mehr auf Gesundheit und auf gesunde Ernährung achte, ist es mir wichtig, dass ich die tierischen Produkte, die ich zu mir nehme, vor meinem Gewissen vertreten kann. Zum Beispiel ist es mir bei Eiern wichtig, dass die Hühner, die die Eier legten, zumindest Freilauf hatten und nicht mit Antibiotika vollgestopft wurden. In einem Artikel las ich mal vor längerer Zeit, dass freilaufende Hühner besonders krankheitsgefährdet seien und daher mehr Antibiotika verabreicht bekommen als Käfighühner. Um das zu verhindern würden die Hühnerhalter nur einige Tiere draußen rumlaufen lassen – quasi als Alibi – und den Rest der Hühner wieder in die Käfige stopfen. So stand ich also vor dem Eierregal und überlegte krampfhaft, ob diese Eier genießbar wären und die Hühner freilaufend gewesen sind oder nicht. Ob ihr es jetzt glaubt oder nicht, plötzlich stand ein älterer Mann neben mir und sprach mich an: „Na, unsicher?" Er wirkte sehr selbstbewusst und entspannt. Ich erzählte ihm von meinem Dilemma und davon, dass ich nicht sicher wäre, ob diese Eier wirklich von freilaufenden Hühnern stammten. Er lachte leise. Nicht dass er mich auslachte, sondern einfach nur leicht amüsiert. „Tja, junge Frau, da sind sie nicht die Einzige, die sich diese Fragen stellt. Eines sollten sie allerdings wissen, der Fortschritt hat auch in den Bauernhöfen Einzug gehalten. Neuerdings gibt es sogenannte transportable Freilaufställe. Das heißt, die Hühner befinden sich zwar draußen, werden aber durch eine große transportable Box vor Wind und Wettereinflüssen geschützt. Fast wie die Hühnerställe mit Nistkästen usw. Die Hühner haben also die Gelegenheit im Gras zu scharren und gleichzeitig auch anderes Futter zu sich zu nehmen. Zudem können sie sich zurückziehen, wann und vor allem wie lange sie wollen. Diese Box wird dann in gewissen Abständen weitergefahren, sodass die Hühner nicht irgendwann im eigenen Dreck stehen, sondern immer schönes, frisches Gras zur Verfügung haben. Diese Idee ist genial und für die Hühner ein guter Schutz gegen Krankheitserreger."

Ich war ziemlich baff, als er mir diesen Vortrag hielt. Deswegen purzelte natürlich die Frage aus meinem Mund, woher er das alles wüsste. „Nun, ich bin selbst Eiererzeuger und lege sehr viel Wert darauf, dass meine Hühner Bewegung haben. Diese Eier hier sind übrigens aus meinem Stall". Er zeigte mit dem Finger auf eine Packungsreihe mit Eiern und lächelte. „Das heißt, wenn Sie diese hier nehmen, unterstützen Sie auch noch die regionale Landwirtschaft. Nicht, dass ich hier unbedingt für mich Werbung machen möchte. Es ist aber, wie es ist."

Mit diesen Worten verabschiedete er sich und überließ die Entscheidung mir. Ihr könnt euch sicherlich vorstellen, welche Eier ich mitgenommen habe. Und, vielleicht bildete ich es mir ein, doch diese hier schienen nach Gras zu schmecken."

„Wahnsinn." Mona sprach als erste der Runde. „Das bedeutet demnach, dass immer dann Antworten in unser Leben treten, wenn wir wirklich danach fragen. Und da wir nun mal über die Sprache kommunizieren, erhalten wir diese Antworten über andere Menschen. Das ist ja spannend."

„Komisch, mir ist das noch nie passiert." Cassandra wirkte fast traurig. „Wieso treffe **ich** nicht auf solche Menschen?"

„Tust du bestimmt auch, doch vielleicht erkennst du es nicht oder nimmst dir nicht die Zeit dafür, weil du ja immer so in Eile bist."

Jetzt meldet sich Enya wieder zu Wort. An Cassandra gewandt sagte sie: „Weißt du Cass, mir passiert sowas schließlich auch nicht jeden Tag. Es ist nur auffällig, dass es immer dann passiert, wenn ich eine wirklich wichtige Frage mit mir rumschleppe. Dabei kommt die Antwort auch nicht immer nur von Menschen in Form irgendeiner Begegnung, nein, auch im Internet stoße ich dann „zufällig" auf die passenden Informationen. Ich finde das alles sehr interessant."

„Aber was ist, wenn der Typ, der aus meiner Sicht eine Antwort für mich hat, etwas anderes will... Ihr wisst schon?"

„Ah, Cassandra, die Taffe, wird plötzlich zum Angsthasen. Das ist ja neu!" Mona wunderte sich sichtlich über diese andere Seite an ihrer Freundin. Normalerweise steuerte Cassandra immer auf Neues oder andere Abenteuer zu. Aber nach diesem Vorfall letztes Jahr... Nun gut, brauchte vielleicht noch etwas, bis sie wieder zu ihrem alten Mut fand.

„Ach Mann, einen Angsthasen würde ich das nicht nennen. Aber nach meinem Erlebnis letztes Jahr bin ich tatsächlich erheblich skeptischer geworden, was fremde Männer betrifft. Manchmal wird das schon richtig zu einer Manie. Versteht ihr das? Manchmal sehe ich hinter jedem Mann einen Täter. Wie soll sich mir da jemals eine Vernünftiger nähern?"

Stimmte natürlich. Letztes Jahr hatte Cassandra in einer Disko einen echt gutaussehenden Mann getroffen und sich Hals über Kopf in ihn verliebt. Er wollte an diesem Abend jedoch eindeutig etwas anderes und hätte sie fast hinter einer Hecke vergewaltigt, wenn nicht jugendliche Passanten vorbeigekommen wären und den Täter überwältigt hätten. Seit diesem Erlebnis war Cassandra sehr, sehr vorsichtig geworden und wurde dadurch immer introvertierter. Mona war diese Entwicklung schon lange aufgefallen. Doch was sollte sie machen. So ein Erlebnis hinterließ schließlich immer seine Spuren. Ob Cassandra jemals wieder einem Mann vertrauen würde, konnte niemand mit Gewissheit sagen. Selbst Cassandra nicht.

Und genau diese Frage quälte Cassandra. Würde sie jemals wieder einem Mann vertrauen können. Würde sie jemals dem „Richtigen" begegnen, ohne vor ihm wegzulaufen. Würde sie sich jemals wieder verlieben können, ohne Angst haben zu müssen. Für Cassandra war das die wichtigste Frage im Moment und nicht die, ob die Eier von glücklichen Hühnern stammten. Ja, Cassandra war verzweifelt. Diese Frage entwickelte sich zu einem zentralen

Thema ihres Lebens und sie hatte immer noch keine Antwort darauf. Dabei wünschte sie sich so sehr eine Partnerschaft. So wie bei Claus und Enya. Die passten wirklich gut zusammen. Cassandra seufzte tief. Ihre Freunde nahmen es wahr und sie ahnten, worum es bei diesem Seufzer ging. Leider konnten sie so gar nichts tun. Das brauchte vermutlich einfach noch Zeit.

Deswegen lenkten sie auch das Gespräch auf andere Themen. Auf Themen, die nicht so nahe gingen und eher allgemeiner Art waren. Die Zeit verflog. Claus bemerkte es als erster als er auf seine Uhr schaute. „Oh Gott, so spät ist es schon. Schatz, wir müssen los, sonst schaffen wir das heute nicht mehr zu unserem Tanzkurs. Auch die anderen mussten gehen. Sie zahlten, umarmten sich herzlich und strömten in verschiedene Richtungen. Cassandra hatte im Parkhaus geparkt. Auch sie hatte es plötzlich eilig. In gut einer Stunde wollte sie im Englischkurs sitzen, um mit Wirtschaftsenglisch ihre Qualifikation zu erhöhen.

Im Parkhaus angekommen, kramte sie in ihrer Handtasche, um das Ticket zu bezahlen. Es befand sich ganz unten. Jeder, der Frauen-Handtaschen kennt, weiß, dass das immer so ist…

Nun, sie zahlte und bemerkte dabei nicht, dass ihr etwas aus der Handtasche fiel. Es war die Quittung über den bezahlten Englischkurs. Sie würde sie heute brauchen, denn es war der erste Abend.

Doch sie bemerkte es nicht und rannte eiligen Schrittes zu ihrem Auto. Welches Deck war das noch gleich? `Oh Mann, warum kann ich mir nie das Deck und die Nummer merken, wo mein Auto steht. Jetzt muss ich wieder durch das ganze Parkhaus rennen, um mein Auto zu finden´. Leicht verzweifelt hetzte Cassandra los als eine laute Männerstimme hinter ihr irgendetwas rief. Sie verstand nur „junge Frau" und „verloren". `Meint der mich? Vermutlich nicht, denn ich hab ja nix verloren´. Cassandra hetzte weiter. Die Männerstimme kam keuchend hinterher und schrie immer eindringlicher. Jetzt reichte es Cassandra. Sie drehte sich um und sah einen älteren Herrn ausländischer Herkunft mit den Armen wedeln. Er keuchte, denn er war außer Atem. Kurz blieb er stehen, um sich abzustützen und nach Luft zu schnappen. Cassandras Tempo war wohl zu schnell für ihn.

„Was ist denn los? Wieso verfolgen sie mich?" Gebrabbel, Gekeuche und wedelnde Arme.

Cassandra verstand kein Wort. Was wollte dieser Kerl von ihr. Wieder so ´n Typ, der es auf sie abgesehen hatte, hier alleine im Parkhaus. Obwohl, irgendwie schien dieser Mann dafür zu alt und zu erschöpft. Er keuchte immer noch. Jetzt bekam Cassandra doch ein schlechtes Gewissen. Sie ging einige Schritte auf ihn zu, um ihn besser verstehen zu können. Er war zwar immer noch krebsrot im Gesicht aber er bekam zumindest wieder Luft. Stockend sagte er: „Sie, Sie haben –keuch- haben dieses hier eben verloren." Dabei wedelte er mit der Quittung in der Luft rum. Wie ein Schlag traf es Cassandra. `Ach du Scheiße, meine Englisch-Quittung. Ohne diese müsste ich den Kurs erneut bezahlen´.

Jetzt erst wurde ihr bewusst, in welch missliche Lage sie diesen Mann gebracht hatte und dass er nur ihr Bestes wollte. Schuldbewusst beugte sie sich über ihn, denn er stützte sich auf seinen Beinen ab.

„Oh entschuldigen Sie, das hab´ ich nicht gewusst. Geht´s wieder? Kommen Sie, wir setzen uns in mein Auto. Das steht da vorne, ich hab´s tatsächlich gefunden. Sie sind ja ganz schweißgebadet. Sie brauchen erst mal Luft."

Der Mann nickte und kam bereitwillig mit. Plumpsend ließ er sich auf den Beifahrersitz fallen und atmetet tief ein und aus. Das tat er mehrere Male in einem sehr gleichmäßigen Rhythmus. Cassandra beobachtete, wie er mit jedem tiefen Atemzug an normaler Gesichtsfarbe zunahm und sich sein Kreislauf wieder beruhigte. „Geht´ s wieder?"

„Ja, junge Frau, Sie haben ja ein Tempo drauf. Rennen Sie immer so durchs Leben?"

„Äh, wieso? Ich hatte es nur etwas eilig." Cassandra überkam das Gefühl, sich für ihre Geschwindigkeit entschuldigen zu müssen. Dabei war sie eigentlich stolz auf ihre Fitness. Schließlich ging sie dreimal die Woche ins Fitnessstudio und einmal die Woche zum Squash.

Der Mann lächelte. Es war ein zwar noch leicht gequältes aber sehr sympathisches Lächeln. Sie schätzte ihn auf etwa Anfang bis Mitte 50.

„Hm, das muss wohl am Alter liegen. Mit den Jahren wird man halt ruhiger. Wissen Sie, früher bin ich auch so durchs Leben gehetzt. Bis mich mein Herzinfarkt in die Ruhe zwang. Jetzt lebe ich wesentlich langsamer, aber dafür auch wesentlich bewusster. Nehme die Dinge um mich herum immer mehr wahr. Vermutlich wäre mir sonst ihr Zettel nicht aufgefallen. Früher hätte ich es nicht bemerkt oder aber einfach ignoriert."

„Oh, danke. Sie wissen gar nicht, wie sehr Sie mir damit geholfen haben. Ohne Quittung hätte ich den Kurs erneut bezahlen müssen. Und der war richtig teuer. Damit wäre ich ganz schön in die Miesen gerutscht."

„Glaub´ ich Ihnen gerne. Kenne ich übrigens auch, diese Sprachkurse. Damals musste ich allerdings Deutsch lernen."

„Tatsächlich? Das hört man gar nicht mehr. Sie sprechen quasi ein akzentfreies Deutsch. Seit wann sind Sie denn in Deutschland?"

„Oh, schon seit mehr als dreißig Jahren. Ich bin Kurde und mit meiner ganzen Familie nach Deutschland ausgewandert. Damals waren wir noch willkommen." Leichte Bitterkeit klang aus seiner Stimme.

„Heute denn nicht mehr?" Cassandras Stimme drückte Überraschung aus. Sie war der Meinung, dass mittlerweile jeder Ausländer integriert wäre.

„Nein, junge Frau, leider nicht. Gut, diejenigen, die mich kennen, mögen mich. Nicht nur die Mitglieder meine Familie. Ich habe tatsächlich hier in Deutschland Freunde gefunden. Teilweise über die Arbeit und teilweise über die Nachbarschaft. Da gibt es aber auch noch andere ausländische Mitbürger. Da fällt ein Kurde nicht so auf."

„Das war sicher eine schwere Zeit für Sie, oder?"

„Ja, das können Sie laut sagen. Es fühlt sich nicht gut an, wenn man spürt, dass man nicht willkommen ist und Sie meidet. Da vermutet man hinter jeder freundlichen Geste einen Angriff. Ist natürlich quatsch. Aber die Angst und das Misstrauen sind sehr stark und entwickeln fast ein Eigenleben.

Da war es wieder. Vertrauen. Cassandra ging's ja ähnlich. Generell traute sie zwar den Menschen, aber sie traute keinem Mann mehr. Auch sie vermutete bei jedem Typen billige Anmache und irgendwelche Abartigkeiten.

Der Kurde beobachtete sie mit warmen, braunen Augen. „Mein Name ist Yelzin, ich hab ganz vergessen, mich vorzustellen." Er reichte ihr seine Hand. Sie nahm sie an. Ein warmer, herzlicher Händedruck. „Ich bin Cassandra."

„Cassandra, ein interessanter Name. Habe ich hier in Deutschland noch nicht gehört. Woher stammt er?" „Aus Star-Trek. Meine Eltern waren Science-Fiction Fanatiker." Sie lachte. Es war schon komisch, den Namen einer fiktiven Figur zu haben.

„Ah, das erklärt das natürlich. Aber sagen Sie, warum sind Sie denn nicht früher stehen geblieben, als ich Sie rief? Dann hätte ich mir sehr viel Atemnot erspart?"

Cassandra wurde rot. Er hatte sie ertappt. Ihren wunden Punkt erwischt.

Verlegen richtete sie ihren Blick auf ihre Beine als sie antwortete: „Ich hatte letztes Jahr ein äußerst schreckliches Erlebnis mit einem Mann. Das sitzt noch tief."

„Oh, das tut mir leid." Der Mann war sichtlich berührt. „Ich wollte Ihnen keine Angst einjagen. Sie wissen ja jetzt, dass ich eigentlich nur Ihr Bestes wollte, oder?"

„Ja," Cassandra lächelte schon wieder, „ja, und es tut mir leid, dass ich vor Ihnen weggelaufen bin."

„Hm, wenn man´s genau nimmt, sind nicht vor mir, sondern vor sich selbst, oder besser gesagt, vor Ihrer eigenen Unsicherheit weggelaufen. Ist das eigentlich eine Strategie von Ihnen?"

„Was meinen Sie?"

„Na ja, das Weglaufen, meine ich. Wenn´s mal kritisch wird?"

„Hm, keine Ahnung. Strategie ist vielleicht nicht ganz richtig."

„Ok, wie würden Sie es denn dann nennen?"

„Auf Abstand gehen."

„Ah. Ok. Sie gehen also lieber auf Abstand. Hm, wie wollen Sie dann Ihren Traummann kennen lernen."

Peng. Schon wieder der wunde Punkt. Langsam stieg Ungeduld und Wut in Cassandra auf. Was bildete sich dieser Yelzin eigentlich ein. Gut, er hatte ihr wirklich einen großen Gefallen mit der Quittung getan. Aber sie so in die Ecke zu drängen. Das fühlte sich absolut nicht gut an und außerdem konnte es ihm doch wirklich egal sein.

Unruhig rutschte Cassandra auf ihrem Sitz hin und her. Yelzin bemerkte es.

Beruhigend legte er seine Hand auf ihren Arm. Hastig zog sie ihn zurück. Überrascht nahm er es wahr und schaute sie mitfühlend an. „So schlimm war es?"

Cassandra nickte und kämpfte mit den Tränen.

Aus dem Nichts lag plötzlich ein Papiertaschentuch auf ihrem Schoß. Yelzin hatte es ihr gegeben.

„Lassen Sie es ruhig raus. Mich stört es nicht. Lassen Sie die Tränen laufen. Mit den Tränen werden auch die Verzweiflung und die Wut gehen, glauben Sie mir."

Sie schnaufte in das Taschentuch und schaute ihn durch einen Tränenschleier an. Das war eigentlich das Letzte was sie wollte, sich bei einem Fremden ausheulen.

Cassandras Hände zitterten. Die Angst kam wieder hoch. Sie spürte es deutlich. Diese Angst hatte nichts mit Yelzin zu tun. Der beruhigte sie eher – nein – die Angst vor dem Erlebten kam wieder hoch.

„Ok, Cassandra. Schauen Sie mich bitte an."

Ganz sanft hob er mit seinem Zeigefinger ihr Kinn hoch, damit sie ihn ansehen konnte.

„Sie haben immer noch diese schrecklichen Angstgespenster in sich, oder? Sie sehen sie jede Nacht und bei jedem Mann, stimmt´s?"

Cassandra Kehle war zugeschnürt. Sie hatte einen Kloß im Hals und konnte nichts sagen. Sie nickte.

„Glauben Sie mir, wenn Sie diese Schreckgespenster nicht bewusst loslassen, werden Sie sich selbst immer weiter in Ihrer Angst verstricken. Damit schnüren Sie sich viele Stricke um Ihren Hals und werden letztendlich daran ersticken. Das sind dann die Momente, wo ein Körper erkrankt oder sich entscheidet, zu gehen."

Er sprach sehr langsam, mit leichtem Akzent und sehr ruhig.

Diese seltsame Ruhe. Dieser Mann strahlte eine enorme Ruhe aus. Mochte am fortgeschrittenen Alter liegen. Cassandra spürte in seiner Nähe überhaupt keine Angst. Obwohl sie ihn nicht kannte. Im Gegenteil, sie fühlte sich fast geborgen.

„Warum spüre ich in Ihrer Nähe keine Angst?"

„Nun, zum einen bin ich schon ein alter Knacker – er lachte leise – und zum anderen, fühlt ihr Herz, dass mein Herz nichts Böses will."

„Aber wie kann ich mir da sicher sein?"

„Gar nicht! Garantien gibt es keine. Doch bitte achten Sie nicht auf Äußerlichkeiten. Lassen Sie sich nicht täuschen von schönen Reden und anderen oberflächlichen Handlungen. Hören Sie immer auf Ihr Herz. Es spürt sofort, und damit meine ich auch sofort, ob Sie jemandem trauen können oder nicht. Glauben Sie mir. Wie mir scheint, sind Sie eine sehr intelligente Frau. Sie brauchen einfach wieder mehr Selbstvertrauen. Denn nichts anderes ist es. Sich selbst zu vertrauen. Zu wissen, wann man bleibt und wann man besser geht."

„Aber genau das ist es ja! Ich weiß eben nicht mehr, wem ich vertrauen soll. Wann ich bleiben oder gehen soll! Ich bin völlig verunsichert in meiner Urteilsfindung!"

Cassandra klang fast verzweifelt.

„Ja, weil Sie auf den falschen Ratgeber hören!"

„Falscher Ratgeber?"

Überrascht schaute Cassandra ihren Gesprächspartner an. Was meinte er denn da schon wieder mit?

„Ja, Ihr Ratgeber, Cassandra, ist die Angst. Ihre übermächtige, alles vereinnahmende Angst. Sie lähmt Sie. Sie lässt Sie übervorsichtig sein. Sie lässt Sie grundlos auf Abstand gehen. Sie lässt ihrem Herzen keinen Raum, um sich richtig zu entscheiden. Wie schade."

„Toll, prima, und was soll ich jetzt tun? Natürlich hab´ ich immer noch Angst. Hätten Sie vermutlich auch nach solch einem Erlebnis." Wut machte sich breit.

„Ah, jetzt kommt auch noch der zweite falsche Ratgeber dazu!"

„Der zweite falsche Ratgeber??" Cassandra kreischte fast. Sie hatte langsam die Nase voll von diesem Gespräch. Dieser Mann brachte sie zur Verzweiflung und komplett an ihre Grenzen.

„Hey, beruhigen Sie sich. Es wird alles gut, glauben Sie mir. Wir machen jetzt mal eine Übung. Allerdings müssen Sie sich darauf einlassen wollen, das ist Bedingung."

„Eine Übung? Wollen Sie mich hypnotisieren oder sowas?" Panisch wich Cassandra zurück.

„Sehen Sie, was die Angst mit Ihnen macht? Ich sprach von Übung, nicht von Hypnose. Sie werden zu jedem Moment die Kontrolle über sich behalten. Aber wir machen die Übung nur, wenn sie wirklich wollen."

Cassandra entspannte sich wieder etwas. Die Wut wich einer apathischen Gleichgültigkeit. Viel schlimmer konnte es ja eh nicht mehr werden.

„Na schön, damit Sie Ruhe geben."

„Nein, nein, Cassandra, so funktioniert das nicht. Sie tun das nicht für mich, sondern ausschließlich für sich selbst. Die Übung heißt: „die Angst loslassen"

„Die Angst loslassen? Wie soll das denn gehen?"

„Möchte ich Ihnen gerne zeigen, wenn sie denn wollen."

„Hm." Cassandra spürte Neugier aber leider auch immer noch Unsicherheit. Ging das überhaupt. Wollte er sie vielleicht auch nur einwickeln, so, wie all die anderen Kerle. In sich spürte sie aber, dass von diesem Mann keine Gefahr ausging. Es siegte die Neugier und sie willigte ein.

„Na gut, probieren wir´s. Was muss ich tun?"

„Sie setzten sich bitte ganz bequem hin und entspannen sich. Wenn Sie sich entspannt fühlen, lese ich Ihnen einen Text vor, den ich immer bei mir habe, denn ich selbst war auch in der Angst gefangen."

„Wie entspannt man denn?" Cassandra fühlte sich ziemlich bescheuert, denn sie wusste tatsächlich nicht, wie man entspannte. Schließlich hetzte sie pausenlos durchs Leben. Da war keine Zeit für Entspannung.

Yelzin lächelte, nahm ihre Hände in seine und ermutigte sie, mit ihm gemeinsam deutlich und langsam ein- und auszuatmen. Cassandra spürte, wie der Atem in ihren Körper strömte und mit jedem tiefen Atemzug floss eine unendliche Ruhe in ihre Arme und Beine, sodass sie sich richtig schwer anfühlten. Yelzin lächelte, so, als wolle er ihr Mut machen, weiter zu atmen. Nach gut fünf Minuten ließ er sie los und empfahl ihr, die Augen zu schließen. Er kramte den Zettel aus seiner Jackentasche und las leise und sehr ruhig vor:

Die Angst ernährt sich von der Angst. Dieses Angstwesen braucht es, die Angst und wird in deiner Gedankenwelt immer Gedanken der Angst in dir erschaffen. Und da du in Resonanz bist, mit dieser Angst, wird dein Leben immer wieder mit kleinen oder großen Missgeschicken, Unglücken oder Krankheiten ausgestattet sein. Du selbst ziehst es an. Angst zieht Angst an. Deswegen musst du beginnen, dich von deiner Angst zu befreien. Damit du keine Zweifel mehr hast. Zweifel an deinen Mitmenschen, Zweifel an deinem Können und Zweifel an deinen Werten. Angst kannst du nicht töten, Angst kannst du nur transformieren, indem du sie loslässt. Sprich bitte folgende Sätze:

Angst, ich erkenne dich, ich nehme dich wahr.

Ich liebe dich.

Ich nehme dich in den Arm, drücke dich und lasse dich gehen.

Ich habe keine Angst, vor gar nichts mehr.

Ich liebe das Leben jetzt.

Ruhe. Cassandra spürte, wie sich der Knoten in ihrem Bauch langsam löste. Es fühlte sich tatsächlich so an, als würde die Angst langsam weichen. Sie öffnete die Augen und blickte Yelzin mit großer Überraschung an: „Ich glaube, sie ist tatsächlich gegangen! Das gibt´s doch gar nicht. Die Angst ist weg! Wahnsinn! Es funktioniert!"

Ihr Gesprächspartner strahlte. Er freute sich, dass Cassandra sich auf diese Übung hatte einlassen können. Ohne ihre Mithilfe hätte es nämlich nicht geklappt.

„Bleibt die jetzt für immer und ewig weg?"

„Hm, vermutlich nicht. Denn die Angst trägt viele Facetten und wird sich immer wieder in ihr Leben schleichen wollen. Wichtig ist nur, dass Sie diesen Mechanismus erkennen und mit ihrem Willen unterbrechen. Welche Worte Sie dabei wählen, ist völlig egal. Entscheidend ist nur, dass Sie sich von der Angst nicht unterkriegen lassen, sie wahrnehmen, sie wertschätzen und sie loslassen."

„Wow, das ist wirklich mal ein wunderbares Instrument. Ich danke Ihnen, Yelzin. Sie haben mir mein Leben wieder zurückgegeben und lebenswert gemacht. Ich danke Ihnen so sehr."

„Freut mich, dass ich helfen konnte. So, jetzt muss ich zu meiner Familie. Sie haben sicherlich auch noch Termine, wie ich Sie kenne." Er lächelte verschmitzt, stieg aus und winkte ihr noch hinterher als sie im überhöhten Tempo das Parkhaus verließ.

`Interessante Frau´ dachte er. `Interessanter Mann´, dachte sie.

Cassandra nahm die Autofahrt gar nicht richtig wahr. Viel zu sehr war sie mit der Begegnung und dem Gespräch beschäftigt. Und plötzlich kam ihr die Erkenntnis: `natürlich, Mona hatte Recht, das war die Botschaft, wenn man sich auf andere Menschen einlassen konnte, würde man schon zur rechten Zeit die richtige Information erhalten. Wahnsinn. Das musste sie gleich heute Abend Mona erzählen. Klasse. Cassandra fühlte wieder richtigen Lebensmut in sich aufsteigen. Sie würde ihre Angst in den Griff kriegen und damit auch ihr Leben. Danach stünde dann auch einem neuen Liebesabenteuer nichts mehr im Weg. Endlich!!

Kapitel 3 Botschaft: Kümmere dich um andere, aber lass sie selbst entscheiden

Sobald Cassandra nach dem Englisch-Kurs wieder zu Hause war, rief sie Mona an und berichtete ihr das neueste Erlebnis. Mona unterbrach kein einziges Mal den Redefluss, sondern hörte nur aufmerksam zu. Sie war sehr erfreut darüber, dass sich Cassandra einem fremden Menschen hatte soweit öffnen können. Früher war das für Cass völlig normal, doch heute, nach dem Erlebten im letzten Jahr, eigentlich völlig undenkbar. Umso mehr überraschte es Mona, wie sehr Cassandra sich eingelassen hatte. Einfach wunderbar. So empfand es Mona tatsächlich. Sie empfand es als ein Wunder. Denn ihre Freundin schien wie ausgetauscht. Völlig aufgedreht und wieder genauso temperamentvoll wie früher.

Nachdem Cassandra endete, konnte auch Mona wieder sprechen. „Wow, Liebes. Ich bin platt. Hättest du mir vor 6 Stunden erzählt, dass du solche Dinge tun würdest, wäre ich äußerst skeptisch gewesen und hätte dir nicht geglaubt. Das ist ja absoluter Wahnsinn. Geht's dir denn jetzt tatsächlich besser?"

„Ja, Mona, glaub mir, ich war genauso überrascht. Aber die Angst schlich einfach weg. So fühlte sich das zumindest an. So, als würde sie aus meinem Bauch heraus über die Beine wegkrabbeln, wie eine Schlange oder so. Ganz merkwürdig. Interessanterweise spüre ich immer noch diese Leichtigkeit. Mal sehen, wie lange das anhält. Yelzin meinte zwar, dass die Angst viele Facetten hat und durchaus mit einem anderen Gesicht wieder auftaucht. Aber ich weiß ja jetzt, was ich dann tun kann."

„Glaubst du, dass das auch bei mir funktioniert?" Mona wurde immer neugieriger. Auch sie erlebte natürlich hin und wieder Angstsituationen. Und obwohl sie sie meisterte, blieb hinterher so ein schaler Geschmack im Mund. Es war dann immer so, als würde sich ein grauer Schleier über Mona legen. Sehr unangenehm. In solchen Momenten empfand Mona ihr Leben als zäh, stagnierend und farblos.

„Natürlich funktioniert das auch bei dir, du musst dich nur drauf einlassen. Ich denke, dass funktioniert bei jedem Menschen, der für solche Dinge offen ist."

„Hm, vermutlich hast du Recht. Wir werden das dann ausprobieren, wenn's wieder soweit ist und mich die Angst fest im Griff hat. Wir sehen uns morgen, Cass. Schlaf schön und träum schon mal von deinem Traummann". Beide Frauen lachten herzlich und verabschiedeten sich. Mona fiel sofort in eine Art Tiefschaf, Cassandra hingegen blieb noch lange wach. Zuviel beschäftigte sie. Das Ganze wollte schließlich erst einmal verdaut werden. Nach gut einer Stunde fielen aber auch ihr die Augen zu. Sie träumte, wie sie im Wald an einem Baum gelehnt saß und sich die bunten Blumen anschaute, als plötzlich ein ganz kleines Stimmchen ihren Namen rief: „Cassandra, Cassandra siehst du mich?" Cassandra erschrak ein wenig, denn sie war sich sicher, ganz alleine im Wald zu sein. Deswegen verwunderte es sie sehr, dass jemand ihren Namen rief. Es musste sich demnach auch noch um jemanden handeln, der sie kannte. „Wer ruft mich denn da?" „Ich, ich die Elfe, siehst du mich?" „Elfe? Wie siehst du denn aus?" „Ich bin die Libelle, die dich schon seit Stunden begleitet. Schau dort auf dem Blatt. Siehst du mich jetzt?" Cassandra blinzelte im Traum und entdeckte plötzlich wirklich eine relativ große, blaue Libelle vor sich auf einem Blatt. „Du hast mich gerufen?" „Ja!" „Und was kann ich für dich tun?" „Oh, das ist lieb von dir, dass du mich das fragst. Die meisten Menschen wollen immer etwas von mir haben. Schau bitte dort auf meinem Flügel. Irgendetwas klebt da so schrecklich!" Cassandra kam näher und fing fast an zu schielen, so sehr konzentrierte sie sich auf die Flügel dieser hübschen Libelle. Dann sah sie es. Die Libelle hatte sich anscheinend in einem Spinnennetz verfangen. Zumindest klebten noch einige Netzreste am Flügel und hinderten so die Libelle daran, leicht und locker zu fliegen. Vorsichtig zupfte Cassandra an den Überresten des Spinnennetzes. Schließlich wollte sie nicht die zarten Libellenflügel beschädigen. Nach einer gewissen Zeit, war alles abgezupft. Die Libelle bewegte ihre Flügel und flog zur Probe hin und her. Sie erhöhte das Tempo und schoss wie ein Hubschrauber direkt vor Cassandras Nase vorbei. Cassandra bildete sich ein, ein leises Lachen zu hören. „Ich danke dir, Cass. Du bist ein liebevoller Mensch. Bitte behalte diese Eigenschaft bei und achte weiterhin deine Mitmenschen und die Natur. Das ist äußerst wichtig. Für den Planeten Gaia, für uns Tiere hier in der Natur, aber auch für euch Menschen. Ihr seid alle auf dem Weg. Dem Weg der Erkenntnis. Dem Weg, euch selbst zu erkennen. Manche mehr, manche weniger. Letztendlich werden aber alle begreifen, dass es nur weitergeht, wenn sich Frieden und Liebe komplett über die Welt verbreitet haben. Du bist ein wunderbares Beispiel dafür. Ich danke dir." Damit erhob sich die Libelle und flog im Zickzack davon. Sie strahlte in der Sonne. Die blaue Färbung glänzte und Cassandra hatte das Gefühl, die Libelle würde zwischendurch sogar Purzelbäume schlagen. Ein wunderschönes Bild. Diese Schönheit, diese Ruhe und diese Liebe, die dieser Wald ausstrahlte, waren umwerfend. Tränen der Rührung rannen über Cassandras Wangen. Sie fühlte sich so sehr aufgehoben, völlig angstfrei und – glücklich. Ein Gefühl, dass sie schon so lange nicht mehr gespürt hatte.

Cassandra erwachte. Es war Mitternacht und stockduster. Was für ein wunderschöner Traum. Am liebsten würde sie die Augen schließen und an der Stelle weiterträumen, wo sie eben geendet hatte. Doch aus Kindheitserfahrung wusste sie, dass das nicht funktionierte. So blieb sie ganz still liegen und entspannte sich mit der Erinnerung an ihren Traum. Könnte es sein, dass dieser Traum eine Botschaft für sie war. Der Hinweis, nicht mehr so ängstlich zu sein, sich nicht mehr zu verkriechen und wieder mehr für andere da zu sein? Möglich. Genau wusste sie es nicht. War jetzt auch egal. Dieses Bild wollte sie so lange wie es ging in ihrer Erinnerung behalten. Sie schloss die Augen, genoss noch einmal die Ruhe und den Frieden aus dem Traum – und schlief mit einem Lächeln auf den Lippen ein.

Am nächsten Tag saß sie mit Mona zusammen im Restaurant. Mona hatte Cassandra eingeladen, weil sie es vor Neugierde nicht mehr aushalten konnte. Sie ließ sich alles noch einmal ganz genau erzählen, vor allem die Stelle, an der Yelzin Cassandra die Angst nahm.

„Welchen Text musst du dabei sprechen? Kennst du den noch?"

„Nun, Yelzin meinte, dass die Worte an sich völlig gleichgültig wären. Es geht nur um den Sinn, der dahinter steckt. Ich weiß nur noch, dass es wichtig ist, die Angst zu erkennen und als solche wahrzunehmen. Danach nehme ich sie in den Arm, drücke sie, sage ihr, dass ich sie liebe und lass sie dann gehen. Danach spreche ich den Satz: **Ich habe keine Angst, vor gar nichts mehr. Ich liebe das Leben jetzt.**

„Hm, das hört sich eigentlich ganz einfach an."

„Ja, finde ich auch. Und es funktioniert, wie gesagt!"

„Erstaunlich, aber du wolltest mir auch noch von deinem Traum erzählen, oder?"

„Ja, richtig, mein Traum. Dieser wunderbare, schöne Traum."

Cassandra erzählte, wie sie im Traum mit einer Libellen-Elfe gesprochen hatte und dass es im Leben darum geht, sich selbst zu erkennen. Außerdem erwähnte sie, wie wichtig Friede und Liebe sei. So jedenfalls hatte es Cassandra verstanden.

Wieder hörte Mona ihrer Freundin aufmerksam zu. Echt spannend, was die alles in letzter Zeit erlebte.

„Sag mal, welche Erkenntnis ziehst du denn jetzt aus all deinem Erlebten?"

„Puh, Erkenntnis – äh, weiß ich jetzt auch nicht so genau. Vielleicht, dass ich wieder etwas mehr Vertrauen in mich haben und andere haben soll. Könnte doch sein, oder?"

„Hm, mag sein. Ich kann das nicht deuten, sondern nur du ganz allein mit deinem Herzen."

Mona blieb sehr ernst bei diesen Worten. Für sie beinhalteten Träume immer äußerst wichtige Informationen. Deswegen freute sie sich so sehr über Cassandras Traum. Zeigte er doch an, dass Cassandra sich befreit hatte (die Flügel der Libelle) und jetzt wieder fröhlich weitergehen (-fliegen) konnte.

Cassandra wurde plötzlich sehr nachdenklich.

„Ist was Cass?"

„Ja, weiß nicht, aber irgendwie werde ich das Gefühl nicht los, als hätte mir Yelzin und auch meine Traumlibelle zu verstehen gegeben, dass ich mich wieder etwas mehr um andere kümmern soll. Kann durchaus sein, dass ich das im letzten Jahr sträflich vernachlässigt habe. Ist das so?"

„Na ja, früher warst du immer zur Stelle wenn es darum ging, anderen zu helfen. In letzter Zeit fiel dir das anscheinend sehr schwer. Ich denke aber, dass alle Verständnis dafür hatten."

„Stimmt wohl, euch hab ich wirklich in letzter Zeit vernachlässigt. Echt bescheuert, auf der Arbeit kann ich nicht nein sagen und meinen Freunden gebe ich regelmäßig einen Korb. Sind die anderen wirklich nicht sauer auf mich?"

„Nein, ich glaube nicht. Vermutlich hätte jeder so wie du reagiert. Allerdings werden alle hoch erfreut sein, dass es dir besser geht und du ab jetzt wieder aktiv am Leben teilnimmst." Mona lächelte verschmitzt. Sie freute sich so sehr über den Fortschritt ihrer Freundin, dass es ihr fast die Tränen in die Augen trieb.

Sie unterhielten sich noch lange über dieses und jenes und auch über die Probleme der Freunde. Wie immer vergaßen sie dabei Zeit und Raum. Deswegen erschraken beide auch zutiefst, als plötzlich Maja vor ihnen stand: „Hallo, seht ihr mich nicht oder wollt ihr mich nicht sehen?"

Erschrocken blickten beide Frauen hoch. Sie hatten Maja gar nicht kommen sehen.

„Entschuldige Maja", Mona ergriff das Wort, „wir haben gar nicht mitbekommen, dass du auch hier bist. Stehst du schon länger da?" Blöde Frage eigentlich, denn *das* hätten sie nun wirklich mitbekommen.

„Ja, schon seit Stunden und habe bereits Wurzeln geschlagen." Maja antwortete etwas ungehalten. Sie wirkte ohnehin sehr angespannt. Irgendetwas schien sie sehr zu beschäftigen.

Cassandra mischte sich ein. Aufgrund ihrer neuen Erkenntnis wollte sie jetzt schon mal damit beginnen, wieder auch für andere da zu sein. „Maja, setz dich doch zu uns. Hast du was auf dem Herzen?"

Maja starrte Cassandra mit großen Augen an. Es war lange her, dass Cassandra solche Fragen gestellt hatte. Im letzten Jahr drehte sich nämlich alles ausschließlich um „das Ereignis". Konnte es möglich sein, dass Cassandra plötzlich wieder Interesse an ihren Mitmenschen empfand und auch deren Probleme wahrnahm?

Maja setzte sich, bestellte eine Suppe und schaute von Mona auf Cassandra so, als würde sie abchecken wollen, ob sie ihr helfen könnten oder nicht.

„Nun sag schon Maja, hast du etwas auf dem Herzen?"

Maja zögerte noch etwas, doch dann sprudelte es aus ihr heraus. „Ich fühle mich richtig mies. Zuerst dachte ich, mein Chef ist ein Scheißkerl. Denn er bedrängte mich irgendwie und dann, nachdem ich ihn mit Worten zurückgewiesen hatte, behandelte er mich, als wäre ich Luft. Ich bin eine seiner besten Mitarbeiterinnen, versteht ihr. Doch jetzt hab ich echt Mist gebaut, und er gibt mir noch eine zweite Chance. Kapier´ ich nicht. Bin völlig überfordert."

Mona und Cassandra wechselten einen vielsagenden Blick. Ja, Mona kannte solch eine Situation. Schließlich hatte sie Ähnliches mit ihrem Abteilungsleiter erlebt. Deswegen fühlte sie sich auch Maja gegenüber in der Pflicht, ihr zu helfen.

„Maja, glaub mir, ich versteh dich. Weil genau das mir auch schon passiert ist. Da hilft nur eines, Flucht nach vorne.

„Was meinst du damit? Flucht nach vorne?"

„Na ja, du kannst dich jetzt hinsetzen und maulen und darauf warten, dass etwas passiert oder das „Heft" selbst in die Hand nehmen."

„Kapier ich nicht!"

„Er hat dich doch angefasst, oder nicht?"

„Nein, hat er nicht. Ich hatte zwar irgendwie das Gefühl als ob er das tun möchte, aber vorgefallen ist da nichts. Vermutlich war er deshalb in der Vergangenheit auch so sauer auf mich, weil ich überreagiert hab.

Maja errötete, sie spürte, dass ihre Freundinnen etwas völlig Falsches vermuteten – einen sexuellen Übergriff, oder so. Das hatte es nämlich überhaupt nicht gegeben. Manchmal dachte Maja sogar, dass sie in ihrer Unsicherheit vielleicht zu empfindlich reagierte. Unruhig flog ihr Blick von der einen zur anderen Freundin, so, als würde irgendetwas sie wahnsinnig beschäftigen und sie sich nicht trauen, darüber zu sprechen.

Vorsichtig tastete sich Mona vor: „Noch mal Maja, hat er dich angefasst oder dir aufgelauert, so wie mein Abteilungsleiter bei mir?"

Kopfschütteln.

Mona und Cassandra erschraken, vermutlich dachten beide dasselbe. Mona legte ihre Hand auf Majas, „Schlimmeres?"

Wieder Kopfschütteln.

„Haste ihm eine geklebt, obwohl nix war?"

Noch einmal Kopfschütteln.

Jetzt veränderte sich Monas Ton. Leicht verärgert fuhr sie Maja an: „also Maja, du musst uns schon erzählen worum es geht, wenn wir dir helfen sollen. Sonst tappe ich morgen noch im Dunkeln. Außerdem hasse ich Ratespiele."

Maja spürte, dass es Zeit war, Farbe zu bekennen. Tränen rannen ihren Wangen herunter. Sie schluchzte und versuchte dabei zu sprechen. Gelang natürlich nicht. Die Freundinnen verstanden kein Wort.

„He Maja" jetzt meldete sich auch Cassandra zu Wort, „niemand macht dir einen Vorwurf. Sicher gibt es eine Lösung, eine, die wir alle nur noch nicht kennen. Bedingung ist allerdings, dass du uns von deinem wirklichen Problem erzählst."

Maja verstand. Sie nickte, wischte sich die Tränen ab und schnaufte in ihr Taschentuch. Dann begann sie stockend: „mit meinem Chef war wirklich nichts, das hatte ich mir nur eingebildet. Ich hab ein ganz anderes Problem. Ihr wisst doch, dass ich noch nie wirklich einen Freund hatte oder?"

Die Freundinnen schauten sich an und nickten. Sie kannten Majas Sehnsucht nach Liebe und Nähe. Aber was hatte das mit ihrem Chef und den nicht stattgefundenen Übergriffen zu tun? Typisch Maja, sie brachte immer verschiedene Aspekte ihrer Gefühlsduselei mit in ihre Erzählung hinein und irritierte damit ihre Zuhörer gewaltig.

„Na ja, als ich in den letzten Jahren bemerkte, dass sich im wirklichen Leben niemand für mich interessiert, hab ich mir halt eine eigene Welt aufgebaut: eine, in der ich schön, erfolgreich und begehrenswert bin. Versteht ihr?"

Große Augen starrten sie an. Mona und Cassandra verstanden nicht.

„Was meinst du mit - eigener Welt?"

„Ihr wisst doch" Majas Stimme klang schon leicht verzweifelt, „eine Virtuelle im Netz."

„Duuuu!" Es kam wie aus einem Mund und es klang von beiden Freundinnen äußerst überrascht. „Du bist in einer virtuellen Welt unterwegs, so richtig in 3D und so??"

„Ja. Ist das denn so schlimm?"

„Na ja, kommt drauf an. Wenn du zwischen beiden Welten unterscheiden kannst, ist das sicherlich kein Problem. Aber wenn du dich nur noch in dieser Welt aufhältst..."

Cassandra sprach den Satz nicht zu Ende. Plötzlich wurde ihr einiges klar. Deswegen hatte Maja in letzter Zeit immer wieder die Einladungen der Clique abgesagt oder sich mit faden Ausreden früher weggeschlichen. Jetzt verstand sie so einiges.

„Sag mal Maja, triffst du in dieser Welt auch Männer?"

„Ja logisch, sonst würde es ja keinen Spaß machen. Ich besitze Land, ein eigenes Haus mit Garten und lebe in der Nähe einer Insel. Dieses Land hab ich wirklich gekauft."

„Wie, wirklich gekauft? In der virtuellen Welt meinst du, oder?"

„Ja und nein. Dieses Spiel, es heißt „Second Life", ist einfach genial und betreibt eine eigene ökonomische Welt. Das heißt, du bist zeitgleich im Spiel, kaufst aber Land und Ähnliches mit richtigem Geld."

„Moment, Maja, willst du uns damit sagen, dass das Spiel Geld kostet und du erst einmal investieren musstest, um mitspielen zu können?"

„So ähnlich. Im Spiel heißt das Geld „Linden-Dollar" mit einem Kurs von 270 zu 1. Das heißt, 270 Linden-Dollar sind 1 US-Dollar. Es gibt in diesem Spiel richtige Banken mit Umtauschbörsen usw. Du zahlst richtiges Geld, also Euro ein, erhältst US-Dollar entsprechend dem aktuellen Kurs und bezahlst dann, nachdem du nochmal die US-Dollar in Linden-Dollar umgetauscht hast, für irgendwelche Leistungen. Es gibt Spieler, die auf diesem Weg schon eigene T-Shirts richtig erfolgreich vertickt haben."

Mona warf Cassandra fragende Blicke zu. „Verstehst du das alles?"

„Puh, nur ein bisschen. Irgendwie kommt mir das Ganze sehr bedrohlich vor. Ich finde, wenn richtiges Geld im Spiel ist, kann das ja deine Existenz kosten."

Maja nickte zustimmend. Stimmt natürlich. Da muss man schon aufpassen, denn der Avatar kostet ja schließlich auch Geld. Und wenn du richtig mitspielen willst, also in allen Welten Zuhause sein möchtest, schließt du ja auch noch einen Vertrag mit der Betreiberfirma dieses Spiels, der Firma Linden-Lab ab. Das kostet dann ja auch noch was."

Cassandra schaute Maja lange an. Prinzipiell verstand sie den Hintergrund, warum Maja dieses Spiel spielte. Es hatte für sie sicher einen besonderen Reiz, denn hier konnte sie Männer treffen, ohne mit irgendwelchen Konsequenzen rechnen zu müssen. Für Cassandra viel zu oberflächlich, für Maja anscheinend der einzige Weg, um aus ihrer Einsamkeit herauszukommen.

„Sag mal Maja, wieso kostet denn ein Avatar Geld. Kann man sich nicht einfach eine Figur aussuchen?"

„Doch schon, aber die kostenlosen sind echt hässlich. „Noop-Avatare", also die für Anfänger, sind extrem unattraktiv. Damit will man natürlich erreichen, dass sich jeder Spieler einen Gutaussehenden für viel Geld bastelt. Meine Figur hat umgerechnet 50 € gekostet."

„Hm, das geht ja noch. Schließlich geben wir ja auch Geld für die Freizeit aus. Und das Land mit dem Haus, was kostet das?"

Jetzt wurde Maja rot, denn diese Investition hatte sie fast in den Ruin getrieben.

„Du kaufst ja kein richtiges Land hier auf der Erde, sondern Speicherplatz auf dem Rechner. Der ist natürlich begehrt und daher ziemlich teuer. Hat mich eine Menge Geld gekostet. Die genaue Summe möchte ich nicht sagen, das ist mir peinlich."

„OK, brauchst du auch nicht. Ich hoffe nur, du kannst noch deine Miete in der richtigen Welt bezahlen." Monas Stimme klang echt besorgt, als sie das sagte. Auf der einen Seite fand sie Majas Netzaktivitäten spannend (vermutlich, weil sie sich selbst so etwas nicht traute), auf der anderen Seite fiel ihr aber auch auf, dass sich Maja immer mehr von der realen Welt entfernte. Von Sucht zu sprechen, wäre vielleicht noch zu früh, denn anscheinend hatte Maja sich gut im Griff. Sie ging regelmäßig und pünktlich zur Arbeit, machte auch mal Überstunden und legte großen Wert auf ihr Äußeres. Wäre sie süchtig, würde sie all dies vernachlässigen. Mona wusste das aus einem Seminar, dass sie vor Jahren in der Volkshochschule besucht hatte. Da ging es um Suchtgefahren bei Jugendlichen. Sicher standen in diesem Seminar erst einmal Drogen und andere chemische Mittel im Vordergrund. Aber einen Abend lang gab´s auch Informationen über Sucht mit nichtstofflichen Mitteln. Dazu gehörte z.B. die Kaufsucht, die allgemeine Spielsucht an Automaten und natürlich auch das Eintauchen in virtuelle Parallelwelten. Mona erfuhr dort, dass diese pathologischen Spiele oft mit Stimmungsschwankungen und Aggressivität in Verbindung standen. Bei sehr stark Abhängigen kam es sogar zur Depression und Suizidgefahr. Richtig tückisch das Ganze.

Mona nahm Majas Hand und versuchte ihr damit zu zeigen, dass sie für sie da sein würde.

„Bitte Maja, bitte, bitte, halte Abstand von diesen Spielen. Du weißt nicht, wohin dich das treibt. Nachher passiert noch was ganz Schlimmes und dann kann dir niemand mehr helfen."

Maja verstand, worauf Mona hinaus wollte. Schließlich war sie nicht blöd und hatte auch schon sehr genau die Gefahren recherchiert. Deswegen erzählte sie sehr ausführlich, was sich heute zugetragen hatte. Sie wollte, dass die Freundinnen verstanden, dass es da etwas gab, das sie immer wieder zu diesem Spiel hinzog:

Es war Kevin, ihr Freund in Second Life. Kevin lebte in Australien, war äußerst gutaussehend (zumindest als Avatar), liebevoll und aufmerksam – gerade so, wie Maja sich ihren Traummann vorstellte. Sie unterhielten sich auf Englisch. Kein Problem für Maja, denn dieses Fach war in der Schule schon immer ihr Lieblingsfach gewesen. Ja, und da gab es da noch etwas. Mit Kevin schien alles ganz einfach zu sein. Bei ihm traute sie sich Dinge zu tun, die sie im realen Leben niemals tun oder zulassen würde. Sie vertraute ihm ihre intimsten Geheimnisse an. Und, ja, mit ihm hatte sie virtuellen Sex. Im richtigen Leben war sie noch Jungfrau, und das mit 26 Jahren. Sie empfand das als peinlich. Alle ihre wirklichen Freundinnen hatten bereits mit 16 oder 17 ihre ersten sexuellen Erfahrungen durchlebt. Nur Maja nicht. Sie versteckte sich quasi hinter ihrer eigenen Schüchternheit. Sie hatte Angst vor Jungs und wurde dadurch immer mehr zur „grauen Maus". Niemand nahm sie als Frau wahr. Sicher, Kollegen mochten ihre Zuverlässigkeit und Klugheit, aber als begehrenswert würde sie niemand von den männlichen Kollegen einstufen. Deshalb lebte Maja dieses Doppelleben. Dummerweise war die Zeitverschiebung zwischen Deutschland und Australien so groß, dass Maja bis spät in die Nacht wach bleiben musste, um Kevin zu treffen. Das ging unter der Woche natürlich nicht, denn eine übermüdete Mitarbeiterin macht schließlich Fehler. Das wollte Maja auf keinen Fall. Schließlich war sie die beste ihres Jahrgangs gewesen.

Um dieses Problem mit Kevin in den Griff zu kriegen, entschloss sich Maja immer öfter, in der Mittagspause in das Spiel einzutauchen. Das passte natürlich vom zeitlichen Rahmen her etwas besser. Seit Monaten ging das nun schon so. Am Wochenende spielte Zeit keine Rolle, aber unter der Woche musste sie die Treffs auf die Mittagspause reduzieren. Leider zog sie dieses Spiel so sehr in die virtuelle Welt, dass sie die reale Welt um sich herum vergaß. Ja, sie hatte Sex mit Kevin, fast täglich – und es war göttlich. Sie genoss es, von ihm geliebt zu werden. Sie erfand immer wieder neue Kleidungsstücke und Sexspiele, um Kevin bei Laune zu halten. Ja, sie war äußerst geschickt in dieser Welt. Natürlich kostete das alles Geld, und ja, sie war mitten im Monat fast pleite. Dennoch, die Zeit mit Kevin war unbezahlbar.

Aber heute, ja heute war das geschehen, wovor Maja sich immer gefürchtet hatte: ihr Chef hatte es bemerkt. Plötzlich stand er hinter ihr. Er wunderte sich schon lange darüber, dass seine Angestellte nicht wie all die anderen zu Tisch ging, sondern sich jeden Tag im Büro verschanzte. Anfangs dachte er sich nichts dabei, doch heute wollte er der Sache auf den Grund gehen. Schließlich wollte er das Beste für seine Mitarbeiter. Er war ein Chef der alten Garde, der gerne junge Mädels um sich hatte, mit ihnen schäkerte, aber auch dafür sorgte, dass es Ihnen gut bei ihm ging. Deswegen fand er Pausen sehr wichtig. Er wollte, dass sich sein Personal in den Pausen erholte und nicht das Brot zwischen den Akten zu sich nahm.

Deswegen war das, was er hier zu sehen bekam, ein derber Schock für ihn. Es verschlug ihm die Sprache. In der Annahme, seine beste Mitarbeiterin arbeitend zwischen den Akten vorzufinden, sah er eine laszive Frau, die in der Mittagspause spielte. Irgend so ein Online-Virtuelle-Welt-Spiel. Genau kannte er sich nicht damit aus, wusste aber von seinen Enkelkindern, dass es mittlerweile so etwas gab. Seine Jungs sprachen immer von dem Spiel „World of Warcraft". Er fand's nicht gut und hatte seine Meinung unmissverständlich kundgetan. Er wusste, wie fasziniert seine Enkelkinder von diesem Spiel waren und wie sehr sie immer mehr da hineingezogen wurden. Teilweise vergaßen sie Zeit und Raum. Das fand er gefährlich. Er sah auch das Suchtpotential, das hinter solch virtuellen Welten stecken konnte. Doch seine Tochter und auch sein Schwiegersohn teilten seine Ansicht nicht. So gab er schließlich auf und hoffte, dass seine Enkel irgendwann von ihren Ego-Shooter-Spielen gelangweilt sein würden.

Doch nun das – er traute seinen Augen nicht - seine Mitarbeiterin tummelte sich im virtuellen Netz und schien mit jemandem virtuellen Sex zu haben. Es war mehr eine Vermutung als Gewissheit, denn als Maja ihren Chef hinter sich wahrnahm, hatte sie schockiert und hektisch ihre Welt verlassen. Knallrot im Gesicht stotterte sie irgendeine fadenscheinige Entschuldigung und stammelte ähnliches wie: „ein paar Mal und auch nur mittags". Alle wussten, dass es verboten war, privat im Netz zu surfen. Allein das war schon ein Kündigungsgrund. Jeder Mitarbeiter wusste das. Maja war zu weit gegangen. Online-Spiele! Immer noch bis ins Mark geschockt, forderte er Maja auf, nach der Mit-

tagspause zu ihm ins Büro zu kommen. Sie mussten eine Lösung finden – und er sich erst einmal beruhigen.

Als Maja nach der Pause zu ihrem Chef ging, rechnete sie mit dem Schlimmsten. Er würde, ja er musste sie feuern, das war ihr klar. In der letzten halben Stunde hatte sie sich im Klo versteckt und sich die Augen ausgeheult. Das war´s. Nie wieder würde sie jemand mehr beschäftigen, denn solche Verstöße erschienen immer irgendwie, wenn auch versteckt, in den Beurteilungen. Jeder potentielle neue Arbeitgeber würde das erkennen und sie von vornherein ablehnen. Sie war erledigt. Warum hatte sie das nur getan. Warum nur, warum nur. Kevin war süß, ja. Aber dafür den Job zu verlieren, das war die Sache nicht wert. Das erkannte Maja jetzt auch.

Niedergeschlagen und reumütig betrat Maja das Chefzimmer. Sie setzte sich auf Geheiß des Chefs auf den Stuhl ihm gegenüber und ließ die berechtigten Vorwürfe über sich ergehen. Sie wusste, er hatte Recht. So etwas durfte er nicht durchgehen lassen. Sie saß da wie ein Häufchen Elend und sagte keinen Ton.

Nach 10-minütiger Schimpftirade veränderte sich plötzlich der Ton ihres Chefs. Er wurde wieder zu dem sanften, älteren Herrn, den sie so sehr verehrte. Er stand auf und setzte sich ihr gegenüber auf den Schreibtisch. Väterlich nahm er ihre Hände – sie zuckte zurück. Ging das schon wieder los. Sie dachte, sie hätten das geklärt. Vor gut einem Jahr war es zu einer ähnlichen Berührung gekommen. Daraufhin hatte sie damals überstürzt das Büro verlassen. Was Maja nicht wusste, war, dass ihr Chef nichts „Übergriffiges" im Sinn hatte, sondern sie nur väterlich beruhigen wollte. Für ihn war Maja ein scheues Reh, das noch geführt werden musste, bevor es selbstbewusst seinen Platz in dieser Welt finden würde.

„Maja", begann er, „sie haben mich gerade sehr enttäuscht, das wissen Sie oder?"

Maja nickte. Sie fühlte sich so elend wie schon lange nicht mehr.

„Nun, Sie wissen auch, dass ich Sie eigentlich aufgrund dieses Ereignisses entlassen müsste, oder?"

Wieder trauriges Nicken.

Ihr Chef stand auf und wanderte im Raum unruhig hin und her. „Mensch Maja, Sie sind doch nicht erst seit gestern hier und es geht Ihnen doch bei mir sehr gut, oder etwa nicht?

Sie nickte erneut, was sollte sie sonst auch tun.

„Die Netzgebühren sind nicht das Thema, wir haben ja eine Flat, aber Sie wissen wie ich, dass private Seiten auch immer ein Sicherheitsrisiko darstellen. Wie viele Viren haben Sie dabei unbewusst in unser Netz eingeladen. Verstehen Sie. Heutzutage ist nichts mehr sicher. Überall lauern Gefahren, überall wird auch spioniert. Wir sind ein mittelständischer Zulieferer für die Automobilindustrie und wir schreiben –noch- schwarze Zahlen. Sie wissen wie ich, wie kurzlebig die heutigen Geschäfte sind. Gerader in dieser Branche reicht ein Fehltritt, ein berechtigter Sicherheitsmangel und wir sind raus. Das ist Ihnen doch klar oder?"

Im Zeitlupentempo hob Maja ihren Kopf als sie sagte: „Herr Schwermann, ich verstehe Sie gut und Sie haben Recht. Ich wollte Sie und die Firma nicht gefährden, dennoch habe ich es wohl getan. Es tut mir sehr, sehr leid. Ich kann Ihnen auch nicht genau sagen, warum. Es fühlte sich fast wie ein Zwang an. Ich weiß nicht, ob sie das verstehen. Aber natürlich ist es ihr gutes Recht, wenn sie mich jetzt fristlos entlassen. Ich packe meine Sachen und bin dann kein Sicherheitsrisiko mehr für Sie."

Maja wollte sich gerade erheben, als ihr Chef sie etwas unsanft wieder auf den Stuhl drückte.

„Sie gehen nirgendwo hin, Mädel. Ganz so alt bin ich nun auch wieder nicht. Sie brauchen einen Freund, meine Liebe. Sie sollten sich am Wochenende mal umsehen – und zwar, in der richtigen Welt. Haben Sie denn keine Freundinnen?"

Maja stotterte als sie sprach: „Doch, hab ich. Ich bin auch schon öfter mitgegangen, aber die Männer sehen mich nicht. Meine Freundinnen haben dann immer eine Menge Spaß und ich sitze in der Ecke und langweile mich zu Tode."

„Tatsächlich? Die Männer müssen blind sein, denn Sie sind doch äußerst attraktiv und sehr intelligent – eine Mischung, der eigentlich kein halbwegs vernünftiger Mann widerstehen kann. Vermutlich sind Sie zu scheu und verstecken sich, ist das so?"

Beschämt nickte Maja. Ja, es war so. Sie versteckte sich tatsächlich, denn sie hatte irgendwie Angst vor dem anderen Geschlecht, obwohl sie sich nichts sehnlicher als eine wunderbare Beziehung wünschte. Ein Teufelskreis.

„Folgendes" Maja Chef stand jetzt direkt vor ihr, vermied es aber sie erneut zu berühren, „dieses hier ist eine Abmahnung. Ich werde unser Gespräch schriftlich festhalten, damit man das später überprüfen kann. Das verstehen Sie hoffentlich. Dennoch verdienen Sie eine zweite Chance, denn Sie sind eine meiner besten Mitarbeiterinnen. Bitte enttäuschen Sie mich nicht erneut. Keine privaten Netzbesuche mehr, keine Spiele oder ähnliches. Ich werde sogar „Solitair" von Ihrem Rechner löschen lassen, damit Sie nicht in Versuchung geraten. Wenn Sie mir hoch und heilig versprechen, nie wieder gegen unsere Regeln hier im Büro zu verstoßen, drücke ich noch einmal ein Auge zu und lasse Sie weiterarbeiten. Was halten Sie von diesem Vorschlag?"

Völlig überrascht saß Maja da. Sie schaute ihren Chef mit großen, erstaunten Augen und offenem Mund an. Damit hatte sie nun wirklich nicht gerechnet. Mit allem anderen, aber nicht damit.

Plötzlich erkannte sie, dass dieses hier ihre letzte Chance war und sie enormes Glück hatte, dass dieser Mann hier ein so gutmütiger Mensch war. Sie hatte ihn völlig falsch eingeschätzt.

Wieder liefen ihr Tränen über die Wangen als sie leise stotterte: „Herr Schwermann, ich, ich danke Ihnen. Ich danke Ihnen so sehr und ich verspreche Ihnen, dass Sie sich in Zukunft hundertprozentig auf mich verlassen können."

Damit schnaufte sie heftig in ihr Taschentuch und verließ überstürzt das Büro. Es war ihr alles viel zu peinlich und sie schämte sich in Grund und Boden. Sie brauchte erst einmal Abstand und nahm sich für den Rest des Tages frei....

... „Versteht ihr jetzt, warum das heute ein ätzender Tag ist?"

„Hm, eigentlich nicht!"

„Wie, eigentlich nicht? Das war doch echt peinlich, das Alles!"

„Schon," Cassandra musste sogar ein wenig lächeln bei der Vorstellung, wie Majas Chef sie im Chat erlebte, „peinlich ganz sicher, aber, zum einen hat es überhaupt keinen sexuellen Übergriff seitens deines Chefs gegeben, was wir zunächst vermuteten und zum anderen hat das Ganze doch noch für dich eine gute Wendung genommen, oder etwa nicht?"

„Ja, aber oberpeinlich. Ich werde Herrn Schwermann nie wieder unvoreingenommen begegnen können. Vermutlich wird er mich in den nächsten Monaten äußerst genau überprüfen. Das mag ich gar nicht."

„Nun Maja" jetzt meldete sich auch Mona zu Wort. Ungeduld und Vorwurf klangen mit als sie sagte: „Irgendwie hast du dir das Ganze aber auch selbst eingebrockt, das erkennst du schon, oder?"

„Ja, stimmt natürlich."

„Genau, also dein Chef ist alles Mögliche, aber ein Scheißkerl ist der ganz und gar nicht. Soviel Toleranz würde sich manch ein Mitarbeiter wünschen, glaub mir. Da kenne ich ganz andere Exemplare. Du kannst dich glücklich schätzen, in dieser Firma mit diesem Chef zusammenarbeiten zu dürfen. Andere hätten dich in hohem Bogen und ohne jegliches Mitgefühl rausgeschmissen."

Maja wusste natürlich, dass Mona Recht hatte. Stimmte schon, dass sie in der Vergangenheit durch ihre Introvertiertheit viele Dinge völlig falsch gedeutet hatte. Die Berührung am Arm vor einem Jahr und auch die Berührung heute, hatte nichts mit Übergriffigkeit, sondern mit Interesse zu tun. Da war sie anscheinend komplett über das Ziel hinausgeschossen. Dieser Chef wollte wirklich nur das Beste für seine Mitarbeiter, das erkannte sie jetzt auch.

„Oh Mann, ich bin so ein Idiot, ein Volltrottel. Jetzt sehe ich es auch – alles Missverständnisse meinerseits. Mein Gott wie dämlich muss man sein…."

Während sich Maja in Selbstbeschimpfungen erging, überlegte Mona krampfhaft, wie sie ihrer Freundin denn nun helfen könnte. Zwar war der Arbeitsplatz gerettet, aber von einer Entwarnung der Gesamtsituation konnte keine Rede sein. Schließlich ging es in erster Linie um das Spiel oder besser gesagt, die Ursache für dieses Spiel. Prinzipiell schien Second-Life wirklich gut durchdacht und sicher zu sein. Dort gab es anscheinend nichts „Kleingedrucktes" oder sonstige hinterhältigen Machenschaften. Alles schien legitim und übersichtlich gestaltet zu sein. Irgendwie hatte die Firma Linden-Lab wohl den Zahn der Zeit getroffen mit ihrer virtuellen Welt. Schließlich benutzten bereits Millionen von Anwendern dieses Spiel, um sich mit anderen Menschen –zumindest virtuell- zu treffen. Zeitmangel war da sicherlich auch ein großer Faktor, der in diesem Zusammenhang eine Rolle spielte. Sehr viele Menschen arbeiteten hart und viel, machten Überstunden oder erledigten noch einen Nebenjob, nur, um über die Runden zu kommen. Da blieb für Freunde und sonstige privaten Aktivitäten keine Zeit. Ja und am Wochenende waren alle so platt, dass die meisten es genossen, mal richtig auszuschlafen oder einfach nur rum zu gammeln.

Mona seufzte laut, denn es wollte ihr einfach keine Lösung einfallen.

Cassandra hörte es und lachte. „Uuh, Mona denkt. Ruhe, wir brauchen absolute Ruhe überall!" Während sie dies sagte, tat sie so, als würde sie alles um den Tisch herum mit ihren Armen absperren wollen. Es sah sehr lustig aus. Maja zumindest fand es witzig. Sie lachte.

„Ja, lacht ihr nur. **Ich** mache mir jedenfalls Gedanken. **Ihr** sitzt hier nur so rum!"

Sie versuchte beleidigt auszusehen, was leider nicht gelang und mehr zu einer Fratze mutierte. Das sah noch lustiger aus als Cassandras „Armgewedele". Jetzt lachten alle drei.

Die Stimmung stieg wieder an und sie unterhielten sich nur noch über Belangloses. Nach gut einer halben Stunde erhob sich Maja und verabschiedete sich. Schließlich hatte sie zu Hause ja noch ein heißes Date…

Mona und Cassandra blieben zurück und schauten sich ratlos an. „Was sollen wir jetzt bloß tun? Haste gemerkt Cass, obwohl sie heute so viel Mist erlebt hat, hat sie nichts Eiligeres zu tun, als sich mit ihrem Pseudo-Lover zu treffen. Ist das nicht traurig?"

Cassandra empfand es genauso. „Hm, stimmt. Ich kann verstehen, dass es Spaß macht sich in einer virtuellen Welt aufzuhalten, ohne dass man sich wirklich öffnen und zeigen muss. Da kannst du natürlich alles sein, was du willst. Du kannst eine ganz normale Frau sein, oder sogar auch ein Mann, oder du erfindest dich neu als Vamp. Verstehst du, so richtig mit langer, roter Mähne, vollbusig und sehr schlank. Welche Frau kann solche Attribute schon vorzeigen. Natürlich weiß ich, dass es in einer Beziehung auf mehr ankommt als nur auf Äußerlichkeiten. Aber hier geht's ja auch nicht um wirkliche Liebe. Schade, dass Maja kaum noch einen Unterschied erkennt. Ich hab' sie aber auch noch nie mit einem Freund gesehen, du vielleicht?"

Cassandra schaute Mona hoffnungsvoll an, doch auch die zuckte nur mit den Schultern und schüttelte ihren Kopf.

„Nee, nie. Nicht ´mal in der Schule. Ich glaube, die ist auch noch Jungfrau. Vermutlich hat sie panische Angst vor Männer. Nur so ´ne Theorie, verstehst du?"

„Ja klar, versteh schon. Ich sehe das so wie du. Schade eigentlich, denn ich finde Maja wirklich hübsch. Du nicht?"

„Doch, das ist es ja gerade. Ich versteh den Grund ihrer Schüchternheit überhaupt nicht. Sie ist hübsch, intelligent und witzig. Was braucht ein Mann noch mehr?"

„Tja komisch, da muss wohl in der Kindheit irgendetwas total schief gelaufen sein, sonst kann ich es mir nicht erklären."

„Du meinst Missbrauch und so..?"

„Na ja, könnte doch sein oder. Wieso hat sie sonst so viel Schiss davor, sich mit einem Mann einzulassen. Sowas hat immer einen tieferen Grund."

„Oh Gott, das wäre natürlich schrecklich. Was machen wir denn nun. Wir können doch nicht einfach zusehen, wie Maja in ihr Unglück rennt. Ich jedenfalls kann das nicht." Energisch schlug Mona mit der flachen Hand auf die Tischplatte, als Nachdruck für ihre Worte.

„Schön und gut, aber was willst du denn machen. Du kannst ihr schließlich nicht das Spiel wegnehmen oder sie zwingen, mit einem Mann im richtigen Leben auszugehen. Du weißt, wie so etwas endet. Schließlich hast du das ja auch schon bei mir versucht." Cassandra sprach sehr deutlich und näherte sich Mona mit ihrem Gesicht immer weiter an, bis sich beide Nasen berührten und sie schielten. Beide Frauen lachten. Die Leute um sie herum schauten schon herüber. Manche amüsiert, manche aufgebracht. Hatten die jungen Leute heutzutage denn überhaupt kein Benehmen mehr... ?

Mona und Cassandra ignorierten die Blicke der Nachbartische und versuchten eine Strategie zu entwerfen. Schließlich wollten sie nicht untätig zusehen, wie ihre Freundin immer mehr auf die Sucht zusteuerte.

Plötzlich hatte Mona eine Idee: „Ich hab´s. Wir machen einen Termin bei einem Psychotherapeuten und schleppen sie dorthin. Das erste Mal kann ich sie ja begleiten. Wenn sie sich dann an die Therapiestunden gewöhnt hat, wird sie sicher auch alleine hingehen. Was hältst du von dieser Idee?"

Cassandra wirkte nicht gerade überzeugt. „Ich weiß nicht, ob das eine gute Idee ist. Du kannst schließlich niemanden zu einer Therapie zwingen. Vermutlich funktioniert das sowieso nicht, wenn der Patient keinen Bock drauf hat und sich nicht darauf einlassen will."

„Ja, ja, es dürfte natürlich kein Mann sein. Wir müssen schon einen weiblichen Therapeuten finden. Ich frag mal meine Kollegin. Die wurde früher bei uns in der Firma gemoppt und besucht deswegen immer noch regelmäßig eine Psychotherapeutin. Sie ist ziemlich begeistert von ihr."

„Tja, probieren kannst du es ja mal. Ich glaube zwar nicht, dass Maja das mitmacht, aber wie heißt es doch so schön: „Probieren geht über Studieren". Wer weiß, vielleicht klappt´s ja doch."

Mit dieser Strategie verabschiedeten sich die beiden Frauen von einander und gingen ihrer Wege.

Maja hingegen, fieberte wie besessen ihrem Treffen mit Kevin entgegen. Sie würde diesen Mann nie aufgeben, niemals….

„Was soll das?" Maja schien echt wütend zu sein. „Wieso glauben alle, das Recht zu haben, in meinem Leben rumpfuschen zu dürfen? Wieso denkt jeder, er müsse mir helfen? Wirke ich denn soooo hilfsbedürftig? Gestern noch sagtest du, du verstehst mich und heute kommst du mit solch einem Quatsch um die Ecke. Was soll das?"

Provozierend schaute Maja ihre Freundin Mona an, die ihr gerade den Vorschlag mit der Psychotherapeutin gemacht hatte. Es war gerade mal einen Tag her, seit sie sich über das virtuelle Leben unterhalten hatten.

„Ja Maja, ist ja gut. Natürlich kannst du machen, was du willst. Aber wir sind deine besten Freundinnen und sehen deutlich die Gefahr, dass du schleichend in eine Sucht rennst."

„Na und!" Maja erregte sich immer mehr, sie schrie es fast. „Und wenn es so wäre, was geht es euch an? Freundin hin, Freundin her, ihr seid nicht für mein Leben verantwortlich. Ich entscheide immer noch selbst, was gut für mich ist!" Majas Augen blitzen wütend. So hatte Mona ihre Freundin noch nie erlebt. Eigentlich super, denn dieser Gefühlsausbruch lockte sie mal heraus aus ihrem Schneckenhaus.

„Prinzipiell stimmt das ja Maja, aber ich glaube, du bist gar nicht mehr zu einer objektiven Lösungsfindung in der Lage. Alles dreht sich für dich nur noch um Kevin und um die Frage, wie du dich mit ihm im Netz treffen kannst. Eines Tages wird alles Leben von dir in den PC geflossen sein."

„Häh"

„Ja, ok, das war übertrieben. Hab´ ich aus einem Film. Aber irgendwie ist das ja tatsächlich so, du lebst gar nicht mehr hier, auf der Erde. Du arbeitest zwar, isst und trinkst, damit dein Körper nicht tot umfällt, aber mit deinen Gedanken, Gefühlen und vor allem mit deinem Herzen bist du ständig in deiner virtuellen Welt. Das zerreißt dich doch irgendwann. Dann wirst du schizophren und wir müssen dich jede Woche in der Klapse besuchen. Kein schönes Bild."

Maja beruhigte sich wieder etwas. Sie spürte, dass Mona und Cassandra sich anscheinend wirklich Sorgen um sie machten.

Deswegen lenkte sie ein, umarmte Mona und sagte: „Mir passiert schon nichts Mona. Ich weiß, ihr könnt das nicht wirklich verstehen, was ich da so treibe. Letztendlich ist es aber nichts anderes als wenn ich im realen Leben einen Mann kennengelernt hätte. Vermutlich würde sich mein Leben dann genauso verändern und sich nur noch um „ihn" drehen. Du warst doch schließlich auch schon mal in einer völlig verzwickten Beziehung und kamst da nicht raus. Wir alle dachten schon, du wärest Tim hörig. Zumindest fühlte es sich für uns so an."

Mona zuckte etwas zusammen, als der Name Tim fiel. Ja, es stimmte, sie war damals diesem Mann verfallen. Tatsächlich hätte man von Hörigkeit sprechen können, denn sie war wie eine Marionette von A nach B gehüpft, wobei Tim die Fäden zog. Es stimmte leider. Maja hatte Recht. Doch irgendwann war der Groschen gefallen dank

Cassandras Hilfe. Und noch einmal Monate später fand sie die Kraft, diese unglückliche Beziehung zu beenden.

„Genau Maja, ich **weiß**, wie du dich fühlst. Andere können sich das vielleicht nur vorstellen, aber ich weiß, wie es ist, abhängig zu sein, denn ich habe es selbst erlebt. Deswegen möchte ich dir ja auch unbedingt helfen, verstehst du?"

„Ja sicher, verstehe ich das. Aber es ist nicht nötig. Du musst mir gar nicht helfen, denn zum einen ist dieser Mann nicht real, oder besser, nicht dieser Avatar, und zum anderen berühren und lieben wir uns ja nicht wirklich, nur virtuell. Mona, es ist lieb von dir, dass du dich so um mich sorgst, aber es ist wirklich nicht nötig. Ich habe mein Leben im Griff. Weißt du, speziell an den Tagen, wo alles in der Firma schief läuft und ich vor Stress nicht weiß, wo mir der Kopf steht, ist es so wunderbar sich in dieser Welt fallen zu lassen. Du kannst dir gar nicht vorstellen, wie schön es ist, wenn man komplett abtauchen kann und nichts mehr von der realen Welt hört. Vermutlich hätte ich sonst schon längst „in den Sack" gehauen, wenn ich diese virtuelle Welt und vor allem Kevin nicht gehabt hätte. Er hört mir zu, er tröstet mich. Meine Kollegen treiben mich jeden Tag aufs Neue in den Wahnsinn. Kevin bringt mir Frieden und Entspannung. Manchmal kann ich es gar nicht abwarten, mit ihm zusammen zu sein und wenn es dann soweit ist, spüre ich, wie mein Kopf und mein gesamter Körper sich innerlich erwärmt und ganz langsam zur Ruhe kommt. Es ist so, als wenn der ganze Druck, der auf mir lastet, in diesem Moment von mir abfällt. Ich fühle mich leicht und glücklich. Verstehst du Mona: leicht und glücklich! Wo gibt es das heute noch – nirgends. Deswegen will ich es nicht aufgeben und deswegen gehe ich nicht zu dieser Therapie. Bitte versteh das."

Mona verstand nur zu gut. Sie konnte sich sehr gut vorstellen, wie sich Majas Welt anfühlte. Sie konnte auch die Beweggründe nachvollziehen, deswegen fand sie es ja so gefährlich. Innerlich wurde ihr aber auch immer mehr klar, dass sie Maja niemals zu etwas bewegen können würde, das sie nicht wollte.

„Ach Maja, ich versteh dich sehr gut, vielleicht zu gut. Allerdings kann ich aber auch nicht mitansehen, wie du in die Sucht rennst. Ich habe recherchiert. In einem Bericht heißt es, dass gerade introvertierte, schüchterne und alleinstehende Menschen besonders gefährdet sind. Dass solche Personen wenig stressresistent sind und sich, objektiv betrachtet, schon bei den kleinsten Problemen in der Bredouille befinden. Solche Menschen kompensieren mit dem Spiel ihre Stressanfälligkeit. Ich finde, bei dir hört sich das genauso an."

Diese Worte trafen Maja, sie fühlte sich verletzt.

„Weißt du Mona, genau das ist es. Jeder glaubt zu wissen, was für mich gut ist und was nicht. Dabei habt ihr alle keine Ahnung. Kümmert euch doch einfach um euren eigenen Kram und lasst mich in Ruhe!"

Damit erhob sich Maja und stapfte wütend davon.

Zurück blieb eine sehr nachdenkliche Mona. `So fühlt es sich also an, wenn man helfen möchte und keinen Zugang findet´. Jetzt verstand sie Cassandra, denn diese hatte Ähnliches mit ihr durchgemacht. `Puh, jetzt sitze ich auf der anderen Seite und fühle mich genauso beschissen wie damals, als ich mittendrin war. Echt ätzend alles´. Mona seufzte tief. Ihr Gespräch mit Maja hatte nichts gebracht oder besser gesagt, hatte nur noch alles verschlimmert. Jetzt würde sich Maja gar nichts mehr sagen lassen und keinem Vorschlag mehr zustimmen. Auch Mona erhob sich jetzt. Sie fühlte sich schwer und traurig. `Was macht man nur mit Menschen, die offensichtlich ins Messer rennen? Wie stoppt man sie´? Monas Gedanken kreisten in ihrem Kopf und erzeugten Schwindel.

Um sich etwas zu beruhigen, entschied Mona, planlos durch die Stadt zu laufen. Die frische Luft und die Bewegung würden ihr gut tun und sie auf andere Gedanken bringen. Irgendwie drehte sie sich im Kreis und fand keinen Weg da heraus. Sie musste sich beeilen, denn es wurde immer noch früh dunkel und auch ziemlich frisch, schließlich hatten sie erst Ende April. Es roch wunderbar nach Frühling. Die ersten zarten Knospen reckten sich Richtung Sonne um in einigen Wochen endgültig ihre Schönheit zu entfalten. Auch die Vögel gaben ihr Bestes. Lautes Gezwitscher und heftiges Nestbauen überall.

Mona schlenderte durch die Straßen. Sie kannte sich hier aus. Schließlich war sie hier aufgewachsen. Sie kannte jeden Winkel. Nicht jeden Menschen. Aber das Städtesystem, die Aneinanderreihung der Straßen, hatte sie schnell durchschaut. Schon als Kind fand sie sich problemlos zurecht.

Sie blieb vor einem Schaufenster stehen und atmete tief durch. Ja, es tat gut, die Lungen mit der Frühlingsluft zu füllen. Tief atmete sie ein und schnaubte fast, als sie wieder ausatmete. Dann sah sie ihn – im Schaufenster. Er stand weit abseits und schien sie zu beobachten. Meinte er sie, Mona? Sie wusste es nicht, denn er stand auf der anderen Straßenseite. Sie tat so, als würde sie sehr angestrengt die Schuhe in der Auslage begutachten. Eine völlig normale Reaktion für eine Frau. Er würde keinen Verdacht schöpfen. Tatsächlich aber beobachtete sie ihn. Er stand da, wie angewachsen und bewegte sich nicht. Dadurch, dass er starr seinen Blick auf die gegenüberliegende Straßenseite gerichtet hatte, wirkte er fast wie eine Statue.

Mona spürte leichtes Unbehagen in ihrer Magengrube. Was sollte sie nur tun. `Komm Mona erinnere dich, was hatte noch mal die Trainerin gesagt? Ah, genau, vergewissere dich, ob er dich auch tatsächlich meint.´ Ok, das war natürlich wichtig zu wissen. Mona entschied sich, einfach von Schaufenster zu Schaufenster zu gehen, so wie es damals auch ihre Trainerin gemacht hatte. Dabei würde sie wunderbar diesen komischen Kerl beobachten können.

Gedacht, getan. Langsam schlendernd bewegte sich Mona weiter. Schaute mal hier und schaute mal dort. Der Mann blieb in seinem Versteck. Er stand nach wie vor wie versteinert an der Wand gelehnt. Meinte er sie womöglich doch nicht. Aber warum stand er da und vor allem, wen beobachtete er denn so gründlich.

Vorsichtig blickte sich Mona um. Nichts Besonderes zu sehen, nur vorbeihetzende Menschen. Worauf schaut der Kerl denn? Da plötzlich öffnete sich die Tür des Schuhgeschäftes. Heraus kam eine Frau mittleren Alters, die sehr gewissenhaft die Tür verriegelte. `Will der da einbrechen, oder was? Nee, wär auch völlig bescheuert, einzubrechen in ein Schuhgeschäft. So viel gibt´s da nicht zu holen. Da muss was anderes dahinter stecken´. Mona tat immer noch so, als würde sie die Auslagen anschauen. Die Frau kam auf sie zu, nachdem sie sich mehrfach versichert hatte, dass die Tür auch gut verriegelt war. Der Schatten des Mannes löste sich von der Wand. Und dann ging alles sehr schnell…

Mit Riesenschritten überquerte der Typ die Straße und war bei der Frau, hielt sie an den Schultern fest und schrie sie an: „du Schlampe, du glaubst wohl, du kannst dich einfach so aus´ m Staub machen, hä. Du glaubst, ich lass mir das alles gefallen. Vergiss es. Du kommst schön mit mir mit und dann kriegst du das, was du verdienst."

Mona stockte das Herz. Sie sah, wie die Frau weinte und verzweifelt versuchte, sich aus dem Griff zu befreien. Aber das war natürlich nicht möglich. Dieser Mann war viel zu groß und zu stark. Sie wehrte sich, er schlug sie. Mitten auf der Straße. Fassungslos beobachtete Mona dieses Drama. Die vorbeihetzenden Menschen ignorierten diese Szene. Niemand blieb stehen, niemand mischte sich ein.

Mona fühlte sich in der Verantwortung. Wut stieg in ihr hoch. `Der Typ ist doch nicht ganz dicht, verkloppt der mitten auf der Straße seine Frau. Ich fass es nicht. Was für Scheißtypen laufen hier eigentlich rum´. Die Wut wurde stärker und gab Mona den nötigen Antrieb den sie brauchte, um sich einzumischen.

Sie stellte ihre Tasche ab und lief wieselflink auf das Paar zu, sah nur noch überraschte Augen, packte den Kerl, drehte ihn so, dass er ihr gegenüberstand, fasste ihm mit der hohlen Hand ins Gesicht, überstreckte dabei den Hals, sodass er rückwärts lief und brachte ihn zu Fall. Dabei schimpfte sie wie ein Rohrspatz: „Du Dreckskerl, willst du wohl diese Frau hier loslassen. Solchen Typen wie dir sollte man die Eier abschneiden. Verpiss dich, aber schnell. Sonst geht's dir schlecht". Damit kniete sie sich hart auf seine Rippen, griff ihm noch einmal an die Kehle bis er nur noch röchelte, erhob sich, fasste entschlossen die Frau am Arm und zog sie hinter sich her Richtung Tasche und dann Richtung U-Bahn. Dort angekommen stiegen sie ohne Umschweife in den nächsten Waggon und fuhren bis zur nächsten Station. Beide schnauften heftig, denn den Rest des Weges waren sie gerannt.

„Hi, ich – ich bin Mona." Monas Lungen schmerzten. Sie hatte es in der Hektik nicht bemerkt. Ihr einziger Gedanke galt nur der Situation und wie sie schnell von diesem Kerl wegkommen könnten.

Die Frau ihr gegenüber hielt sich krampfhaft an einer Stange fest um nicht umzufallen. Sie zitterte am ganzen Körper und war einer Ohnmacht nahe.

Mona erkannte den kritischen Gesundheitszustand und bat einen Fahrgast, Platz für ihre Begleiterin zu machen. Etwas widerwillig stand der junge Mann auf. Schließlich war es nicht so einfach in der U-Bahn einen Sitzplatz zu ergattern. Doch auch er sah die extreme Blässe der Frau und erkannte die besondere Situation.

Die Frau ließ sich erschöpft und dankbar in den Sitz fallen. Schweiß stand auf ihrer Stirn. Angstschweiß. Sie lehnte den Kopf ans Polster und schloss die Augen. Besorgt beobachtete Mona, wie die Blässe langsam einer leichten Wangenrötung wich. Anscheinend funktionierte der Kreislauf wieder. „Tschuldigung, ich krieg immer noch kaum Luft, mein Name ist Sarah."

Ihre Augen blieben geschlossen während sie sprach. Sie schien völlig erschöpft zu sein. Langsam wich die Anspannung und machten den Tränen Platz, die sie sehr lange aufgehalten haben musste. Sie flossen ihren Wangen herunter und hinterließen schwarze Maskara-Streifen auf ihrem Gesicht. Mit dem Handrücken wischte sie sie ab. Jemand reichte ihr ein Taschentuch. Sarah bedankte sich und beruhigte sich langsam.

„Sag mal Sarah, was war denn gerade los. Wer war das denn eben. Der war ja ganz übel."

„Oh danke, Mona, danke, danke. Das war mein Ex. Wir sind seit 5 Monaten geschieden und der kapiert´s nicht. Der glaubt immer noch, er hätte Macht über mich. Er denkt, er kann weiterhin mit mir machen was er will, so wie früher, dieser Arsch. Laut Gerichtsurteil darf er nicht in meine Nähe kommen – aber er probiert´s immer wieder. Seit Wochen lauert er vor meiner Wohnung rum und versucht mich zu erwischen. Meine Nachbarn wissen alle Bescheid und halten Augen und Ohren offen. Da passiert eigentlich nichts. Aber hier bei der Arbeit, damit hab ich echt nicht gerechnet. Ich danke dir so sehr, dass du dem mal so richtig einen verpasst hast. Das hat er schon lange verdient. Ich hab mich nie getraut, verstehst du?"

„Oh ja, ich versteh dich nur zu gut. Diese Sorte Mann hört erst auf, wenn sie kapiert, dass ihr Gegenüber stärker ist als sie. Bisher warst du wohl noch ein zu leichtes Opfer, kann das sein?"

Sarah blickte Mona tief an. Schwermut lag in diesem Blick. Sie war Mona unendlich dankbar aber sie wusste auch, dass es noch nicht ausgestanden war. Er würde es wieder probieren. Wieder und wieder. Was sollte sie nur tun. Sie war verzweifelt.

Die U-Bahn hielt und die beiden Frauen stiegen aus. Weißt du was Sarah, wir beide gehen jetzt erst einmal direkt zu Polizei und machen eine Anzeige. Mit mir als Zeugin sollte das kein Problem sein. Und dann solltest du mal über einen Plan „B" nachdenken."

„Plan „B"? Was meinst du mit Plan „B"?"

„Nun" Mona wurde richtig munter, „als erstes brauchst du Selbstbewusstsein. Du darfst keine Angst mehr haben, falls er dir noch einmal auflauert. Ich denke, in dem Moment, wo er sieht, dass du nicht mehr wegläufst, sondern im Gegenteil, ihm Paroli bietest und Stärke zeigst, wird er kleinlaut werden. Zweitens würde ich an deiner Stelle den Wohnort und dementsprechend auch den Job wechseln. Vielleicht gibt es ja irgendwelche Freunde oder jemanden aus deiner Familie, der dir dabei helfen kann. Du könntest dich auch noch an die Opferhilfe wenden, die haben bestimmt auch noch Möglichkeiten, wie sie dich unterstützen können. Was du letztendlich machst, ist eigentlich völlig egal – Hauptsache, du machst irgendetwas. Untätigkeit hält dich weiterhin in der Opferrolle fest, damit erreichst du gar nichts."

Sarah schaute Mona lange an. Da stand eine völlig fremde Frau, die mit großen Augen und aufgeregten Armbewegungen versuchte, ihr auf die Sprünge zu helfen. Dass es so etwas in der heutigen Zeit noch gab. Hätte sie nie gedacht.

In einer Zeit, wo Zivilcourage kein natürliches Vorkommen in der Gesellschaft mehr war.

„Wieso tust du das alles, Mona?" Sarah schaute Mona fragend an, sie war sichtlich beeindruckt.

„Weil ich solche Typen Scheiße finde und mich durch einen Selbstverteidigungskurs fit gemacht habe. Dadurch fühle ich mich gestärkt und habe den Mut mich einzumischen. Hätte ich vorher auch nicht gehabt."

„Hm" Sarah zögerte nachdenklich „vielleicht wäre so ein Kurs auch was für mich. Vielleicht ginge es mir dann etwas besser und ich hätte nicht mehr so viel Angst. Manchmal wache ich nachts schweißgebadet auf, weil mir mein Ex im Traum hinterherrennt."

„Ja, ich denke schon, dass das auch etwas für dich wäre. Hier ist eine Karte von meiner Trainerin. Kannst ja in den nächsten Tagen dort anrufen. So, jetzt machen wir erst einmal die Anzeige und dann sehen wir weiter." Damit öffneten sie die Tür zum Polizeipräsidium und veranlassten alles Nötige.

Wieder zu Hause, überdachte Mona das gerade Erlebte. Stolz, ja sie war stolz auf sich, denn sie hatte Mut bewiesen und im richtigen Moment das Richtige getan. Sie hatte Sarah helfen können. Ein gutes Gefühl.

Entspannt nippte sie an ihrem Tee. Wohlige Wärme erfüllte ihren Magen und damit ihren gesamten Körper. Sie kuschelte sich in eine Decke und machte es sich auf dem Sofa bequem. Gerade in dem Augenblick, als sie ein Buch in die Hand nehmen wollte, fiel es ihr wie Schuppen von den Augen: Natürlich, das war's - wieso erkannte sie es erst jetzt? Eigentlich logisch. Sie erkannte den tieferen Sinn, der sich hinter dem Wort „helfen" verborgen hielt.

Sie erkannte: Helfen funktioniert nur dann, wenn der andere es wirklich braucht und zudem auch möchte.

Im Fall Sarah war es offensichtlich. Sie schwebte in Gefahr und war in diesem Moment alleine hilflos und ihrem Ex völlig ausgeliefert. Ohne Monas Eingreifen hätte sie um ihr Leben bangen müssen. Sie brauchte augenblickliche Hilfe. Hinzu kam, dass sie mit ihrer Lebenssituation überhaupt nicht zufrieden war und sich dringend eine Änderung ihrer jetzigen Situation wünschte. Deshalb war sie für jeden Hinweis äußerst dankbar.

Anders bei Maja. Maja benötigte aus eigener Sicht keine Hilfe. Sie war mit ihrem jetzigen Leben unbedingt zufrieden. Nur die Menschen in ihrem Umfeld glaubten, dass sie Hilfe benötige – sie selbst tat es nicht. Deswegen mochte sie es nicht, wenn sich andere mit ihren angeblich gut gemeinten Ratschlägen aufdrängten und sie zu einer Verhaltensänderung zwingen wollten. Sie wollte einfach nur in Ruhe gelassen werden und alles alleine regeln.

Mona verbrannte sich fast ihre Finger, als sie fast wie in Zeitlupe ihre Teetasse wieder auf den Tisch stellte. Ja, genau, das war's. Es ging um Notwendigkeit und um Einsicht. Solange jemand nicht davon überzeugt war, Hilfe zu benötigen, würde er sie vermutlich niemals annehmen. Schließlich kannte sie das ja noch aus eigener Erfahrung. Cass hatte sich damals den Mund fusselig geredet um sie zur Einsicht zu bewegen. Alles vergebens. Erst als Mona selbst feststellte, dass ihre Situation aussichtslos war, hatte sie einer Verhaltensänderung zugestimmt. Im Umkehrschluss bedeutete dieses, sie würde Maja niemals helfen können, solange diese nicht die Notwendigkeit einer Kursänderung einsehen würde.

`Puh, das passt mir eigentlich gar nicht´, dachte Mona aber es blieb ihr nichts anderes übrig, als die Füße still zu halten. `Gut, ich behalte Maja einfach im Auge und sobald ich irgendetwas an ihr entdecke, dass zu gefährlich ist als das man sie damit alleine laufen lassen kann, mische ich mich ein´. Mona fand, dass dieser Plan erst einmal ausreichte um ihr Gewissen zu beruhigen und sie entschloss sich, am nächsten Tag Cassandra und die anderen in ihren Plan einzuweihen. Mehr konnten sie ohnehin nicht tun. Mehr war aber auch wahrscheinlich nicht nötig, denn Maja wollte offensichtlich ihre eigenen Erfahrungen machen. Dieses Recht sollte ihr jeder zugestehen. Würden sie wohl – dennoch, sie würden auch die Augen offen halten.

Kapitel 4: Lass die Vergangenheit zurück und vergebe

„Verdammt, ich bin so wütend. Ich könnte den Typen umhauen."

Totenstille.

 Die Freundinnen schauten sich erschrocken an. So hatten sie Claus ja noch nie erlebt. Er wirkte sichtlich erschüttert und verzweifelt und saß mit geballten Fäusten am Tisch.

„Ich krieg's nicht aus meinem Kopf. Jeden Monat werde ich daran erinnert. Es ist zum Kotzen."

Cassandra fand als erste ihre Sprache wieder. „Sag mal Claus, wovon sprichst du eigentlich? Wir sehen deine Wut und deine Verzweiflung, kennen aber nicht den Hintergrund! Du etwa, Enya?" Cassandra wandte sich hilfesuchend an seine Freundin.

Enya schüttelte ihren Kopf. Selbst sie hatte keine Ahnung, was ihren Liebsten derart aufregte, sodass er mit der Faust auf den Tisch schlug. Auch sie schien überfordert, denn alle Beschwichtigungsversuche hatte er in den Wind geschlagen. Normalerweise halfen sonst ihre beruhigenden Worte und ihre sachliche Art. Aber dieses Mal – Fehlanzeige. Claus regte sich auf, so, als wollte er sich aufregen.

„Oh Mensch, ihr versteht das nicht, meine Bank schickt mir monatlich meine Kontoauszüge zu, weil ich es nicht schaffe, sie abzuholen. Und immer dann krieg ich einen Wutanfall, denn ich sehe rot auf weiß, dass ich immer noch für diesen Idioten zahle. Jeden verdammten Monat – fünf Jahre lang."

Wieder ballte er die Fäuste, aber dieses Mal schlug er nicht mit ihnen auf den Tisch. Er saß nur da, knirschte mit seinen Zähnen und sah aus wie ein Tier kurz vor dem Angriff.

„Claus, was ist denn bloß geschehen. „Wofür bezahlst du und wer ist dieser Idiot, von dem du immer wieder sprichst?"

Cassandra berührte Claus sanft am Arm. Er schlug ihn weg.

„Tschuldigung, Cass. Es ist lieb von dir, von euch, mich besänftigen zu wollen, aber das funktioniert nicht. Nicht solange ich noch an diesen Mistkerl erinnert werde."

„An welchen Mistkerl denn, Schatz?" Enya mischte sich ein. Sie wollte endlich Klarheit.

Verzweifelt sah Claus seine Freundin an. Schmerz, Wut und tiefe Aggression blitzte aus seinen Augen. „Kannst du dich noch an Tobi erinnern? Der Typ, der mir diese ´idiotensichere Finanzierung´ vermittelt hat. Ich kenne Tobi schon aus der Schule. Früher waren wir dicke Kumpel – du weißt schon, durch dick und dünn, und so. Gerade weil wir so dicke Kumpel waren, hätte ich es ihm niemals zugetraut, dass er mich so über´n Tisch zieht. Du weißt, letztes Jahr hab ich doch mein Auto geschrotet. Ich war in einer echten Notlage, denn wie sollte ich nach dem Unfall ohne

Auto zur Arbeit kommen. Da traf ich Tobi nach langer Zeit wieder. Als ich ihm von meinem Dilemma erzählte, war er sofort Feuer und Flamme, gaukelte mir echtes Interesse vor und machte mir einen echt attraktiven Finanzierungsvorschlag für das neue Auto. Normalerweise hätte ich mir übergangsweise irgendeine alte Karre gekauft, aber mit diesem Top-Angebot von Tobi kaufte ich mir einen teuren Neuwagen. Laut Tobi machte dieses Angebot nur Sinn, wenn es um eine Finanzierung von mehr als 20.000 Euro ging. Unter dem kannste genauso gut zur Bank gehen, hatte er mir damals gesagt und mir im gleichen Atemzug einen Zinssatz von 2,5 % zugesichert.

Nun, als ich alles unterschrieben hatte und äußerst zufrieden mit meinem neuen Auto war, kam der Hammer nach drei Monaten: die angeblichen 2,5% Zinsen waren von der Finanzierungsgesellschaft nur für drei Monate zugesichert worden, danach erhöhte sich der Zinssatz auf sage und schreibe 12%. Z w ö l f   P r o z e n t !!" Claus schrie es fast. „Ich saß tierisch in der Klemme und rief natürlich sofort Tobi an. Er sagte, er verstünde das auch nicht und versprach, er würde sich darum kümmern. Das war das letzte Mal, dass ich irgendetwas von ihm gehört oder gesehen habe. Danach war er einfach nicht mehr zu erreichen. Weg. Wie von der Bildfläche verschwunden. Ausgelöscht. Versteht ihr jetzt?"

Betretene Gesichter. Enya fand als erstes ihre Worte wieder: „oh Schatz, das wusste ich ja alles gar nicht von dir. Wieso hast du mir nichts gesagt?"

„Ach Maus, wir kannten uns doch gerade erst seit ein paar Wochen. Da wollte ich dich sicher nicht mit meinen privaten Dingen belästigen. Verstehst du? Heute, ja heute wäre das etwas anderes. Jetzt, wo wir schon ein Jahr zusammen sind."

Cassandra meldete sich zu Wort. Ihr logischer Verstand brauchte unbedingt Antworten. Sag mal Claus, was hast du denn jetzt gemacht, um dieses Geld zahlen zu können?"

„Nun, ich bin dann tatsächlich zur Bank und habe mir dort einen Kredit für 5,8% geben lassen, um damit die Finanzierung bei dieser ominösen Finanzierungsfirma aufzulösen. Das stand nämlich im Kleingedruckten, dass dieses möglich wäre. Leider habe ich dabei auch entdeckt, dass dort geschrieben stand, dass sich der Zinssatz nach drei Monaten ändert. Viel zu spät - ich hatte mich ja komplett auf Tobi verlassen und nicht näher nachgelesen, ich Trottel."

„Oh shit, da kommste tatsächlich nicht mehr raus. Das Ding ist wasserdicht."

„Ja genau, ich hatte bereits ein Gespräch beim Rechtsanwalt. Da ist nix zu machen."

Immer noch lag viel Wut in der Stimme von Claus. Aber es gab noch ein Gefühl, dass ihm zu schaffen machte – Enttäuschung. Er war maßlos enttäuscht darüber, dass ein früherer Kumpel ihn so behandelt hatte und nur auf seinen eigenen Vorteil bedacht war. Rücksichtslos und anscheinend auch völlig emotionslos. Das tat sehr weh.

Ganz langsam beruhigte sich Claus. Er war zwar immer noch sehr wütend und sauer aber die Tatsache, dass er endlich mal mit Jemandem darüber sprechen konnte, tat ihm gut.

„Wisst ihr Mädels, ich will euch wirklich nicht mit meinem Mist belasten, nur irgendwann muss der Dampf mal aus dem Kessel, sonst kocht es über. Ihr wisst schon wie ich es meine." Der Anflug eines Lächelns strich über sein Gesicht. Er entspannte sich tatsächlich.

Mona wirkte außergewöhnlich ruhig während des gesamten Gesprächs. Sie hatte sich bewusst herausgehalten, denn es machte auch etwas mit ihr. Zuerst konnte sie es nicht deuten, doch jetzt wurde es ihr schlagartig klar. Enttäuschung. Wut und Enttäuschung. Die Wut über sich selbst, dass man sich hatte so täuschen lassen. Und langsam, ganz langsam, in der Absicht ihre Worte sorgsam zu wählen, begann auch sie sich an dieser Unterhalten zu beteiligen. Alle schauten sie erwartungsvoll an, denn von Mona strahlte plötzlich eine ganz besondere Ruhe aus.

„Oh Claus, ich versteh´ dich nur zu gut. Du ärgerst dich nur bedingt über das Geld, dass du unnützerweise jeden Monat abdrücken musst. In erster Linie ärgerst du dich darüber, dass du auf deinen besten Kumpel hereingefallen bist und ausschließlich auf seine Worte vertraut hast. Dein Bild von ihm war der tolle Typ, der treue Kumpel, der mit dir durch dick und dünn ging. Von solch einem Menschen erwartet man keine Gemeinheiten oder Betrügereien. Ihr hattet euch lange nicht mehr gesehen und ohne nachzudenken, stelltest du an Tobi die Erwartung, dass er dir, wie früher, ehrlich und freundschaftlich hilft. Dabei wusstest du nicht, in welcher misslichen Lage er sich vielleicht befand. Du kanntest seine persönliche Situation nicht und es fehlte die vorher nötig gewesene, klare Kommunikation. Hättet ihr euch einen Moment länger und persönlicher unterhalten, wäre dir vielleicht aufgefallen, dass Tobi sich verändert hat und selbst mehr als genug eigene Probleme mit sich rumschleppt. Dazu ist es leider nicht mehr gekommen, denn ihr habt euch gleich deiner Notsituation zugewandt. Verstehst du, was ich meine Claus? Du hattest immer noch das Bild von früher im Kopf und musstest leider schmerzhaft feststellen, dass dieses Bild nicht mehr stimmt. Du hast dich getäuscht. Du hast dich selbst getäuscht und diese Täuschung wurde von Tobi durch sein Handeln bestätigt – quasi dadurch enttarnt."

Stille. Alle schauten auf Mona. Das war neu, dass Mona so ruhig und besonnen sprach. Sonst ging dieser Part eher an Cassandra und sie war es auch, die plötzlich sehr lebendig wurde. „Hey Mona, du wirst ja plötzlich weise. Wo kommt denn diese Erkenntnis her?" Alle starrten auf Mona, doch diese nahm es nicht wahr.

Mona saß da, völlig in sich versunken. Die Worte der anderen erreichten sie gar nicht. Zu sehr war sie mit sich selbst und ihrem eigenen Erlebten beschäftigt. Ja, diese Geschichte hier mit Claus erinnerte sie sehr stark an ihre frühere Beziehung zu Tim. Auch ihr Bild, das sie sich damals von ihrem Freund gemacht hatte, war falsch gewesen. Tim konnte und wollte niemals ihre Erwartungen erfüllen, auch wenn sie es sich noch so sehr gewünscht hatte. Deswegen erfolgte ja auch nach jahrelangem Tauziehen die Trennung – weil Mona irgendwann erkannte, dass sie sich in ihm getäuscht hatte. Oder besser noch, dass das Bild, das sie sich von ihm gemacht hatte, eine Täuschung war.

Plötzlich hob Mona den Kopf. „Wisst ihr, was mir gerade durch den Kopf geht? Enttäuschung bedeutet nicht, dass Andere mich betrügen oder so, sondern viel mehr, dass ich einer Täuschung erlegen bin und diese Täuschung nun enttarnt wird. Anders ausgedrückt, ich habe mich selbst getäuscht und diese Täuschung fliegt jetzt auf. Eigentlich was Positives, findet ihr nicht?"

„Hm." Nachdenkliche Gesichter überall. Ein Ruck ging durch Claus, dem dieser Gedanke gar nicht gefiel.

„Das würde ja bedeuten" begann er, „dass jeder Mensch tun und lassen kann, was er will. Jeder Mensch kann dann wie die Axt im Walde durch die Gegend laufen und wenn dann jemand von ihm enttäuscht ist, Pech gehabt, seine eigene Schuld. Diese Sichtweise gefällt mir gar nicht."

„Nein, nein, Claus, so habe ich es nicht gemeint. Ich meinte es etwas anders. Da hab ich mich vielleicht nicht ganz genau ausgedrückt – obwohl, das ist es eigentlich!"

Triumphierend saß Mona da und strahlte die anderen an.

Die anderen allerdings waren alles andere als erfreut, weil sie den wirren Ausführungen von Mona irgendwie nicht folgen konnten. Enya brachte es auf den Punkt. „Ich kapier gar nix, ihr etwa?"

„Nee, nicht wirklich." Cassandra musste etwas lachen, weil Enya so verzweifelt aussah. „Mona, sag, was du zu sagen hast aber bitte so, dass wir es auch verstehen. Kriegst du das hin?" Ausschweifende Handbewegungen unterstrichen Cassandras Worte.

„Ja, aber genau darum geht es." Mona rief es fast. „Nämlich darum, dass es an der Kommunikation mangelt, man sich zwar oberflächlich unterhält, aber Details nicht hinterfragt. Vielleicht, weil es einem peinlich ist oder weil man den anderen nicht bedrängen will. Welche Gründe auch immer dahinter stecken mögen, es mangelt an der Kommunikation oder besser, an der Ehrlichkeit zweier Menschen. Wisst ihr, damals mit Tim – oh nein, nicht schon wieder, Cassandra rollte mit den Augen – damals dachte ich, er wäre der perfekte Mann für mich. Ich malte mir das Bild eines treuen, liebevollen und starken Mannes und erwartete von ihm, dass er genau diesem Bild entsprach. Natürlich haben wir in unseren wenigen zärtlichen Stunden niemals über mein Bild von ihm oder meine Erwartungshalten gesprochen, logisch. Das hätte ja die Stimmung zerstört. Versteht ihr? Unsere Beziehung ging nie so tief, dass wir uns gefragt hätten, wie wir uns wirklich ein Zusammensein mit dem anderen vorstellen. Tim ist lieb, Tim ist stark aber Tim ist nicht treu. Er kann es nicht sein und er will es nicht sein. Das war von Anfang an so. Aber es passte ja nicht in mein perfektes Bild von Beziehung. Deswegen habe ich es jahrelang ignoriert. Bis, ja danke an dich noch mal Cass, bis mir Cassandra die Augen öffnete oder besser gesagt, bis ich mit ihrer Hilfe mein Bild noch einmal überprüfte. Und da habe ich erkannt, dass ich die ganzen Jahre einer Täuschung erlegen war. Ich hatte mich selbst getäuscht."

„Hm, aber glaubst du im Ernst, du hättest eine ehrliche Antwort von deinem Freund auf die Frage erhalten, ob du die einzige Frau in seinem Leben bist. Vermutlich hätte er dich doch dann angelogen, nur um dich hinzuhalten, oder etwa nicht?" Der einzige Mann in der Runde, Claus, dachte natürlich männlich, und Recht hatte er.

„Da gebe ich dir Recht. Diese Frage hätte er mir wahrscheinlich nicht beantwortet und sich irgendwie rausgeredet. Ganz sicher sogar. Aber darum geht es eigentlich gar nicht. Das was ich mir wirklich vorwerfen muss ist, dass ich meinen tiefsten Gefühlen nicht vertraut habe. In meinem tiefsten Inneren habe ich es gewusst, aber es nicht wahrhaben wollen – denn es passte ja nicht zu meinem Bild. Versteht ihr, ich hätte mit mir selbst kommunizieren müssen?"

„Ja, in Beziehungsfragen magst du Recht haben, aber in geschäftlichen Dingen läuft das denn doch anders. Da sind doch Gefühle fehl am Platz, verstehst du?"

„Hm, weiß nicht. Ich denke auch in geschäftlichen Dingen folgt man unbewusst seinem Bauchgefühl, oder noch besser, dem Rat seines Herzens. Leider sind diese Gefühle so leise, so zart, dass wir sie im Alltag übersehen oder die mahnenden Worte unseres Unterbewussten überhören. Ich denke, auch in Geschäftsbeziehungen ist es wichtig, noch einmal nachzufragen und genau hinzuhören."

Die Freunde saßen da und starrten nachdenklich auf die eigenen Hände. Jeder war mit sich selbst beschäftigt und tief in Gedanken versunken.

„Noch 'n Cappuccino?" Sie zuckten zusammen, die laute Frage des Kellners hatte sie erschreckt.

„Nein danke, wir gehen gleich. Wir hätten gerne auch die Rechnung."

Claus versuchte sachlich zu bleiben, doch jeder spürte, wie aufgewühlt er war.

„Was ich aber immer noch nicht verstehe, Mona, ist, wie ich jetzt mit dieser Einsicht und mit dieser Situation umgehen soll. Es ärgert mich einfach zu sehr. Ich ärgere mich über mich und darüber, dass dieser Idiot jetzt mit seinem

Verhalten durchkommt. Das kann ich einfach nicht tolerieren."

„Ich glaube, wir alle hier können deinen Ärger nur zu gut verstehen." Cassandra antwortete, bevor Mona etwas sagen konnte, denn sie hatte eine Idee. „Weißt du, was mir gerade in den Kopf schießt? Warum ärgern wir uns eigentlich, grundsätzlich, meine ich. Tobi kriegt ja nichts von deinem Ärger mit. Also ich meine, der sieht ja nicht, wie du dich quälst und mit den Fäusten auf den Tisch haust. Verstehst du, was ich meine. Der einzige, der deinen Frust und Ärger in all seiner Konsequenz spürt, bist du ganz alleine. Wir als Freunde hier bekommen nur die Spitze des Eisberges ab, aber die elenden Stunden, die du vermutlich schon mit Ärger und Wut verbracht hast, hattest du mit dir ganz alleine."

„Hm." Pause. Jeder versuchte auf seine Weise, Cassandras Worten zu folgen.

„Was willst du denn damit sagen?"

„Na, ich meine, es trifft niemanden außer dich selbst, wenn du dir den Kopf zermarterst, zermürbt und verärgert bist. Du wärmst quasi die Suppe, oder besser die Erinnerung, immer wieder neu auf. Das ist doch ziemlich anstrengend, findest du nicht?"

„Ja, mag sein. Aber was soll ich denn tun? Soll ich so tun, als wenn nix gewesen wäre, als wäre alles bestens. Und die monatlichen Raten, na ja, die bezahle ich einfach aus Jux und Dollerei?"

Cassandra spürte, wie Claus wieder langsam hochfuhr.

„Nein, nein, so meinte ich es nicht. Ich meinte nicht verdrängen, sondern loslassen."

„Wie loslassen?"

„Die Schuldzuweisung loslassen. Unsere Trainerin sagte damals, dass es gar keine Schuld gibt, sondern nur eine Ursache und deren Auswirkung. Verstehst du. Du hast dir ein falsches Bild gemacht, du bist einer Täuschung aufgesessen und hast jemandem vertraut, ohne genau das Kleingedruckte zu lesen. Alles richtig. Die Konsequenz daraus sind die überhöhten Zinsen, für die du jetzt noch fünf Jahre lang zahlst. Alles richtig und natürlich überaus ärgerlich. Dennoch nicht mehr zu ändern. Das Ding ist gelaufen – das Kind in den Brunnen gefallen. Jetzt kannst du nur noch Schadensbegrenzungen vornehmen, und das hast du ja auch schon getan mit dem Bankkredit – jetzt solltest du nur noch nach vorne schauen. Alles andere ist Selbstquälerei und selbstzerstörerisch."

Claus sah Cassandra an als wäre sie schizophren oder so was ähnliches. „Spinnst du? Willst du mir raten, alles zu vergessen und zu verzeihen?"

„Na ja, so ähnlich, ja. Es hilft nämlich niemanden, wenn du jetzt regelmäßig fünf Jahre lang wütend bist. Deiner Beziehung zu Enya wird das auch nicht guttun, denn sie muss dich dann immer wieder runterholen." Gekicher. „Oh, ihr Spinner, nicht *e i n e n* runterholen, sondern dich entspannen." Noch mehr Gelächter. „Aaaah, ihr seid doch alle bekloppt. Ich versuche hier ein ernsthaftes Gespräch und ihr habt nur das `Eine´ im Kopf." Aber auch Cassandra musste jetzt lachen, denn sie redete sich um Kopf und Kragen.

Durch das herzhafte Gelächter verblasste auch so langsam die Wut und der Ärger und Claus konnte wieder etwas fröhlicher antworten als er sagte: „Ich verstehe ja grob, was du meinst Cass, dennoch fällt es mir schwer Tobi zu verzeihen."

„Nun, das musst du ja auch gar nicht. Du musst *d i r*, dir selbst verzeihen, denn darüber ärgerst du dich schließlich am meisten. Darüber, dass *du* nicht aufmerksam genug den Vertrag gelesen hast und ausschließliche den Ausführungen deines Kumpels vertrautest. War ja auch zu verlockend, sein Angebot. Ein Fehler, gut, aber auch etwas, das man korrigieren kann. Das hast du bereits getan. Also, jetzt gilt es nur noch, dir selbst diesen Fehler zu verzeihen und dir selbst zu versprechen, in Zukunft etwas genauer hinzusehen. Mehr nicht."

„Also, wenn man es so betrachtet, so rational und sachlich, sieht alles plötzlich ganz anders aus. Vielleicht hast du sogar Recht, Cass. Ich versuch´s mal zu Hause. Kann auf keinen Fall schaden. Danke für eure Geduld."

Dabei schaute er von einer Freundin zur nächsten. Ja, sie waren schon eine sonderbare Mischung. Vielleicht verstanden sie sich deshalb so gut. Wer weiß.

Als sie sich verabschiedet hatten, gingen Mona und Cassandra noch ein Stück des Weges gemeinsam. „Es ist schon sonderbar", begann Mona, „was wir alles mit uns rumschleppen. Wenn ich bedenke, wie lange Claus schon diese Wut in sich trägt und sie jeden Monat neu nährt. Wahnsinn."

„Ja stimmt, aber tun wir das nicht alle?"

„Ja, meine ich ja. Jeder macht das. Bescheuert irgendwie. Wir laden uns Riesengepäck auf den Rücken und wundern uns, warum er weh tut oder alles so beschwerlich ist. Ich glaube, da besteht noch ein Riesen-Handlungsbedarf – hinzugucken, wieviel Müll wir mit uns rumtragen."

„Da stimme ich dir zu Mona. Ich für meinen Teil fahre jetzt nach Hause und werde meinen Müll ins Badewasser tauchen, dann wird er leichter."

Beide Frauen lachten und verabschiedeten sich herzlich. Jede für sich wusste, es bestand tatsächlich noch ein großer Handlungsbedarf, aber man konnte ja langsam anfangen, diesen Müll zu beseitigen. Alles zu seiner Zeit. Rom wurde schließlich auch nicht an einem Tag aufgebaut.

Als Cassandra in der Badewanne lag, genoss sie die Wärme und das Badewasser, das leise plätschernd ihren Körper umschloss. Hier in der Wanne fühlte sie sich geborgen und tatsächlich etwas leichter. Obwohl die Wunden, die seelischen Wunden ihres Erlebnisses noch lange nicht verheilt waren, versuchte auch sie, sich selbst zu verzeihen. Dafür, dass sie so leichtgläubig gewesen war an diesem Abend, dafür, dass sie sich hatte blenden lassen von diesem gutaussehenden und überaus höflichen Mann und dafür, dass sie sich trotz besseren Wissens dazu hatte drängen lassen, mit ihm den Heimweg anzutreten. Ihr Bauch zog sich zusammen als ihre Gedanken die Bilder in ihr Bewusstsein holten. Sie ließ noch mehr heißes Wasser nachlaufen, damit ihr ganzer Körper eingehüllt war und sprach leise vor sich hin: `ich verzeihe mir, ich verzeihe mir, ich verzeihe mir.´ Wieder und wieder sprach sie diese drei Worte bis sie vor Erschöpfung einschlief. Kälte weckte sie. Das Badewasser war merklich abgekühlt und sie fror bereits. Schnell entstieg sie der Wanne, schlüpfte in einen kuscheligen Bademantel und machte sich einen heißen Tee. Das tat gut, ihrem Körper, aber auch ihrer Seele. So langsam verzogen sich die dunklen Wolken in ihrem Bauch. Die Krämpfe lösten sich und sie konnte entspannt ins Bett gehen.

Auch Mona dachte noch lange über das Gespräch nach. Sie war nicht mehr ganz so wütend auf sich selbst wie Claus, dennoch gab es immer noch Momente, in denen sie sich vor sich selbst schämte. Wie konnte eine ausgewachsene Frau nur so lange so blind sein. Sie wusste es selbst nicht mehr, warum sie damals an dieser unsäglichen Beziehung mit Tim festgehalten hatte. Vielleicht, um die Einsamkeit zu vertreiben oder vielleicht, um vor den anderen nicht als Single dazustehen. Keine Ahnung. Sie war sich nicht sicher, welche Beweggründe dahinter gesteckt haben mochten. Zumindest waren die Gründe dafür anscheinend so groß gewesen, dass sie mehrere Jahre handlungsunfähig war. Komisch, dachte Mona, wenn man später darüber nachdenkt, kommt einem alles so unwirklich, so unreal vor und vor allem völlig überflüssig vor. Vermutlich hab´ ich es aber irgendwie gebraucht. Ist ja auch egal. Es ist vorbei und es ist gut so. Mit diesem friedlichen Gedanken schlief sie ein.

Cassandra startete am nächsten Tag mit viel mehr Energie als sonst. Zuerst schob sie es auf das neue Frühstück, das sie sich zusammengestellt hatte. Dann fiel ihr ein, dass es womöglich auch an ihrem Bemühen lag, ernsthaft ihre „Geschichte" loszulassen. Zwar waren immer noch Gefühle der Ohnmacht und Wut da, aber alles insgesamt wesentlich dezenter als noch einen Tag vorher.

Seit kurzem hatte Cassandra auch Außentermine. Das hieß, sie besuchte Firmen um gewisse Details zu klären oder um Verkaufsgespräche zu führen. Cassandra liebte diese Außentermine, denn sie bedeuteten auch Freiheit. Freiheit von ihrem stressigen Büroalltag und von den manchmal auch nervigen Kollegen, denn manchmal ging es im Büro zu wie in einem Tollhaus. Diese Außentermine konnte Cassandra sich einigermaßen frei einteilen. Das bedeutete, sie fuhr nur raus, wenn die Sonne schien. Sonst machte es ihr keinen Spaß. Irgendwann war ihr Chef hinter diese Besonderheit gekommen, hatte aber geschwiegen, weil sie bei den Kunden beliebt war und einen wirklich guten Job machte.

Heute war wieder so ein Tag. Zwar noch frisch, aber die Sonne schien. Heute würde Cassandra wieder einige Außentermine wahrnehmen. Sie hatte es bereits gestern ihren Kollegen angekündigt, damit sie sie nicht vermissten.

Da sie sich im Außendienst auch den Luxus der freien Zeiteinteilung leisten konnte, frühstückte sie heute etwas ausgiebiger und gemütlicher als sonst. Den ersten Termin hatte sie erst ab 09.00 Uhr. Die Fahrzeit würde etwa 40 Minuten dauern – sie hatte also noch jede Menge Zeit. Genüsslich frühstückte sie zu Ende, begab sich ins Bad und machte sich gemütlich fertig für den Tag. Leichtes Make-Up und dezent sexy Kleidung, so kam sie gut an bei den Firmen. Die Firmeninhaber waren ohnehin meist männlich.

Deswegen wollte sich Cassandra zumindest schon mal äußerlich ein wenig in Szene setzen.

Wie erwartet, wurde sie überall sehr freundlich begrüßt und mit Kaffee und Keksen versorgt. `Wenn das so weitergeht, passe ich bald nicht mehr in meine Klamotten´, dachte Cassandra im Stillen, freute sich aber über die freundliche und nette Art ihrer Gesprächsteilnehmer. Zwei Besuche hatte sie schon erledigt, der dritte, kurz nach Mittag, wohnte in einem ganz anderen Stadtteil, sie würde wohl etwa 30 Minuten benötigen, um dorthin zu kommen. Sie würde dort in einem Restaurant gemütlich essen und dann weiterfahren. Sie hatte also Zeit. Die brauchte sie auch, denn ihr Auto war nicht mehr das Jüngste, obwohl es noch ordentlich PS hatte, um vernünftig überholen zu können. Cassandra fuhr generell gern zügig. Sie liebte es schnell. Leider wurde sie dadurch häufig das Opfer „moderner Wegelagerei", heißt, sie wurde geblitzt. Damit die Punkte in Flensburg nicht ins Unermessliche stiegen und sie womöglich ihren Führerschein abgeben musste, mäßigte sie sich seit Neuestem. Es fiel ihr schwer, zugegeben, aber sie gab sich „redlich Mühe", wie es immer in den Beurteilungsbögen hieß.

So fuhr sie also mit „etwas mehr" als 50 km/h durch die Stadt und genoss es sichtlich, einmal nicht so hetzen zu müssen. Sie beobachtete dabei die Mütter, die ihre Kinderwagen schoben oder den Rentner mit seinem Rollator. Praktisch eigentlich diese Dinger. So konnte auch noch jemand, der nicht mehr so gut zu Fuß war, in die Stadt gehen und am öffentlichen Leben teilhaben.

Sie schaute in den Rückspiegel. Schon seit Minuten fühlte sie sich quasi verfolgt. `Wieso verfolgt mich dieser Spinner. Hab nichts angestellt. Vielleicht ist das ja auch die Polizei in Zivil. Nee, kann nicht, die würden nicht so viel Druck machen. Drängeln wird schließlich geahndet´. Cassandra konnte sich keinen Reim darauf machen, obwohl es sie ganz schön nervte. Denn der Typ hinter ihr fuhr ganz schön nah auf. Sie hatte den Eindruck, als wolle er sie jagen. Vermutlich hatte er es eilig. Nichts desto trotz, sie konnte nix dafür, dass er zu spät unterwegs war. Schließlich ging es um ihren Führerschein, nicht um seinen. Cassandra blieb standhaft und hielt die Geschwindigkeit für innerorts ein. Theoretisch hätte sie schneller fahren können, denn zu dieser Zeit war nicht so sehr viel los. Dennoch. Sie ließ sich nicht beirren. Der Fahrer im Rückspiegel tobte. Sie sah es an seinem verzerrten Gesicht. Er schimpfte sogar. Vermutlich über die „Tussy", die ihren Führerschein im Lotto gewonnen hat. Es war äußerst unangenehm, dieses Gefühl, gedrängt zu werden. Cassandra spürte, wie langsam Wut in ihr hochkochte. `Was bildest du dir eigentlich ein, du Idiot. Hier ist nun mal 50, ich kann´s auch nicht ändern. Ich hab die Gesetze nicht gemacht!´ Sie sah, wie er hinter ihr weiterhin schimpfte und mit den Armen „rumfuhrwerkte". Blicke wie Giftpfeile schossen ihr in den Nacken. Sie spürte es deutlich. Er fuhr immer wieder sehr dicht auf und ließ dann wieder etwas nach. Jetzt reichte es Cassandra. Entschlossen trat sie kurz auf die Bremse, damit hinten die Bremsleuchten zu sehen waren. Es quietschte bedrohlich. Der Typ hinter ihr wäre beinahe aufgefahren. Er schäumte vor Wut. Mit ihrer Aktion hatte Cassandra die Situation eher noch verschärft.

Angst stieg in ihr hoch. Wenn der so weitermacht, gibt's einen gefährlichen Crash. Die quietschenden Bremsen hatten Passanten aufblicken lassen. Am Rande nahm sie einen älteren Herrn mit Hund wahr, der sehr interessiert die Situation beobachtete. Cassandra hatte die Nase voll. Sie fuhr rechts ran in eine freie Parklücke und ließ den drängelnden Autofahrer vorbei. Der hielt kurz neben ihr, fuhr sein Beifahrerfenster herunter und schrie: „du dämliche Kuh, biste zu blöd zum Auto fahren und behinderst den gesamten Verkehr. Anzeigen sollte man dich und den Führerschein wegnehmen. Geh lieber kochen!" Damit trat er heftig aufs Gas und fuhr mit Volldampf davon.

Diese geballte Wut traf Cassandra so heftig, dass sie leichenblass und zitternd hinter ihrem Steuer saß und sich kaum beruhigen konnte. `Was bildet der sich eigentlich ein, mich so zu beschimpfen. Schließlich hab ich doch alles richtig gemacht´, dachte Cassandra. Klar nervte es, wenn sich Verkehrsteilnehmer äußerst korrekt an die Verkehrsregeln hielten, das kannte sie selbst, aber jemanden so zu beschimpfen, das war ja wohl das allerletzte.

Cassandra legten ihren Kopf zusammen mit ihren Armen aufs Lenkrad und war den Tränen nah, als es plötzlich rechts an die Beifahrertür klopfte. Erschrocken hob Cassandra den Kopf und erkannte den Herrn mit dem Hund. Er lächelte sie freundlich an und sagte etwas. Sie verstand es nicht durch die geschlossene Scheibe. Deswegen fuhr sie sie langsam herunter, neugierig geworden, was dieser ältere Mann wohl Wichtiges zu sagen hatte.

„Junge Frau, geht es Ihnen gut? Ich habe die Szene mitbekommen und muss sagen, dieser Kerl hat sich unmöglich benommen und Sie völlig zu Unrecht beschimpft. Kann ich Ihnen irgendwie helfen?"

Cassandra ließ den Tränen ihren Lauf. Sie hatte einen Schock. Immer noch leichenblass schüttelte sie wortlos ihren Kopf.

„Sind Sie sicher? Sie wirken auf mich doch noch sehr mitgenommen. Hätten Sie Lust, mit mir einen Kaffee zu trinken? Ben und ich laden Sie ein!" Damit zeigte er auf seinen Hund, einen Golden Retriever. Selbst der Hund schien freundlich zu lächeln. Zumindest wedelte er stark mit seinem Schwanz, so, als würde auch er sich auf das Kaffeetrinken freuen.

So viel Freundlichkeit überzeugte Cassandra und sie willigte dankbar ein.

Wie in Zeitlupe wischte sie sich die Tränen aus dem Gesicht, stieg aus ihrem Auto, löste einen Parkschein für eine Stunde und folgte dem Duo in Richtung Café.

Sie wählten einen gemütlichen Fensterplatz, orderten Kaffee mit einem belegten Brötchen für sich und Wasser für den Hund. Als die Bedienung alles gebracht hatte, stellte der ältere Herr sich vor: „Entschuldigung, ich hab mich noch gar nicht vorgestellt. Mein Name ist Wilhelm und er hier – er zeigte auf seinen Hund – heißt Ben."

Cassandra konnte schon wieder lächeln: „angenehm, mein Name ist Cassandra. Ich weiß, ungewöhnlich. Kommt aus Star Trek." Cassandra sprach abgehackt. Sie war nicht in der Lage, vernünftige Sätze zu bilden. Die Situation von eben saß ihr immer noch tief in den Knochen.

„Hallo Cassandra, schön, Sie kennen zu lernen. Schließlich treffe ich nicht jeden Tag so eine hübsche Frauen wie Sie." Wilhelm lächelte sie charmant an. Es war ein warmes und sehr sympathisches Lächeln. „Sie müssen wissen Cassandra, wenn man die 70 überschritten hat, rennen einem die Damen nicht mehr hinterher."

„Wie?" Gedankenverloren hob Cassandra ihren Kopf. Sie hatte nicht wirklich zugehört. Zu sehr beschäftigte sie sich noch mit diesem idiotischen Fahrer.

Wilhelm legte seine Hand auf Cassandras Arm. Sie zuckte nicht zurück. So schwach fühlte sie sich. Seine Hand war angenehm warm und Cassandra spürte ein leichtes Kribbeln, das sich über ihren gesamten Körper verteilte. Es fühlte sich gut an. Deswegen ließ sie es geschehen.

„Sie sind noch gar nicht hier, oder?"

„Wie, doch klar, ich sitze hier doch." Verwirrt schaute Cassandra ihren Gesprächspartner an.

„Ja, ihr Körper ist hier, ihr Geist sitzt noch im Auto und ärgert sich."

„Wie meinen Sie das?"

„Nun, Sie haben gerade etwas Einschneidendes erlebt. Eine Ungerechtigkeit, die Sie nur ungern auf sich beruhen lassen möchten. Wenn ich es richtig einschätze, würden sie am liebsten diesem Typen hinterher fahren und ihm mal so richtig die Meinung sagen, richtig?"

„Ja, genau. Was bildet der sich eigentlich ein. Beschimpft mich aufs Übelste. Dabei war er es, der mich die ganze Zeit bedrängt hat. Das geht schon seit über 10 Minuten so.

Zum Schluss hatte ich schon Angst, dass der mir in die Karre fährt, dieser Idiot."

Wilhelm schaute Cassandra mit seinen warmen Augen an. Irgendetwas ging von diesem Mann aus – irgendetwas Ruhiges, Entspannendes. Cassandra konnte es nicht genau benennen. Es war ihr aber nicht unangenehm und sie fühlte, wie dieser Funke übersprang und auch sie sich langsam beruhigte und entspannte.

Wohlwollend nahm es Wilhelm wahr. Er lächelte wieder. Überhaupt schien er diese Begegnung sehr zu genießen. Es war nichts Anzügliches in seinem Blick, sondern nur Freude und – Liebe?? Cassandra konnte es nicht deuten.

„Aaah, jetzt entspannen Sie sich, wie schön. Unsere Begegnung zeigt Wirkung."

„Wie meinen Sie das? Versteh ich nicht?"

„Nun, sehen Sie, seit dem Moment, wo ich Sie angesprochen und hierher eingeladen habe bis jetzt zu diesem Zeitpunkt, wo Sie sich langsam entspannen, sind mittlerweile 45 Minuten vergangen. Ohne unser Zusammentreffen wären Sie vermutlich immer noch tüchtig aufgeregt und wütend. Eine mächtige Energie übrigens, der sich die meisten Menschen nicht entziehen können. Sie hätten also diese Wut den ganzen Tag mit sich herumgetragen und hätten auch noch ihre Kollegen damit angesteckt. Natürlich ohne es zu wollen. So etwas funktioniert völlig unbewusst. Aber dennoch passiert das tagtäglich. Verstehen Sie, es ist wie eine Kettenreaktion – sie kommen mit Wut erfüllt zurück zur Arbeit, fahren dort den einen oder anderen Kollegen an, ohne dass er etwas dafür kann, dieser ärgert sich, kommt nach Hause und schimpft mit seiner Frau. Verstehen Sie, was ich meine?"

„Hm, Sie meinen, der Letzte tritt den Hund? Bildlich gesehen meine ich – sorry Ben."

Ben hob den Kopf als er seinen Namen hörte. Schaute von seinem Herrchen zu dieser Frau, überprüfte, ob er irgendetwas tun sollte, entschied sich dagegen und legte seinen Kopf wieder ab.

„Ja, so ähnlich. Die Wutenergie vervielfältigt sich und wird von einem zum anderen weitergegeben. Wie bei einem Grippevirus steckt man quasi mit dieser Energie mehrere Menschen an, ohne dass man es will. Es passiert einfach."

Cassandra wirkte plötzlich sehr nachdenklich. So hatte sie das Ganze noch nie betrachtet. Aber irgendwie hatte Wilhelm Recht. So wäre es vermutlich gelaufen. Und sie hätte sich vermutlich wieder mal gefragt, warum ihre Firma so ein beschissenes Betriebsklima hat.

„Sagen Sie Wilhelm, wollen Sie mir gerade beibringen, dass ich Schuld bin, wenn die Wut sich weiter verbreitet. Schließlich hat dieser Idiot von Autofahrer mich zur Weißglut gebracht. Da ist es doch normal, dass man sich aufregt, oder nicht?"

„Ja natürlich. Das ist ganz normal und darf auch sein. Verstehen Sie mich bitte nicht falsch. Sie sind nicht schuld. Niemand ist es. Selbst dieser Autofahrer nicht, denn Schuld gibt es gar nicht. (Komisch, dachte Cassandra, das hab ich doch schon mal gehört, ja gestern von Mona. Das ist ja interessant) Dieser Mann war, aus welchen Gründen auch immer, in äußerster Zeitnot. Weil er so spät dran war, fühlte er sich frustriert und verärgert. Diese Gefühle verstärkten sich, je näher er seinem Ziel kam, denn er wusste, er würde definitiv zu spät kommen und eine Menge Ärger kriegen. Weil diese Gefühle immer größer und mächtiger wurden, kamen Sie ihm gerade recht. So hatte er die Gelegenheit, seinen gesamten Frust und Ärger auf Sie abzuladen. Zudem konnte er jetzt auch noch eine plausible Entschuldigung beibringen, nämlich eine unfähige Autofahrerin, die schleichend durch die Stadt fuhr. Verstehen Sie, was ich meine?"

„Ich bin nicht geschlichen – nur ordentlich gefahren. Wurde schon zu oft geblitzt."

Cassandra murmelte es mehr als dass sie es laut aussprach. Doch Wilhelm schien trotz seines fortgeschrittenen Alters noch ein gutes Gehör zu haben.

„Ich weiß, sie haben sich ja auch nichts vorzuwerfen. Denn um Ihre Fahrweise geht es hier gar nicht. Es geht um die Wut dieses Mannes, die sich mit jedem Kilometer, den er seinem Ziel näher kam, aufbaute. Wenn man so will, hat er mit seiner Wut auf Sie geschossen und Sie schwer verletzt. Und, anstatt sich um Sie zu kümmern oder sich zu entschuldigen, hat er Sie auch noch beschimpft. Das hat die ganze Sache noch verstärkt. Hätten wir uns nicht getroffen, würden sie weiter durch die Welt laufen, wie ein verwundetes Reh und alles und jeden dafür verantwortlich machen."

„Ja, aber nochmal, ich hab doch nichts falsch gemacht!"

„Stimmt genau. Sie nicht. Er nur, indem er auf Sie geschossen hat, bildlich gesprochen. Wollen Sie jetzt mit diesem

Geschoss (Wut) im Bauch weiterlaufen oder sich selbst operieren, sprich heilen?"

„Sie malen ja komische Bilder.

Wilhelm lachte. „Ja stimmt. Da haben Sie Recht. Ich finde, durch die Sprache der Bilder wird vieles verständlicher. Deswegen benutze ich sie."

„Ja stimmt schon, verständlich sind diese Bilder. Dennoch sehe ich immer noch nicht genau den Hintergrund. Was möchten Sie mir denn sagen oder anders ausgedrückt, was hätte ich denn anders machen sollen?"

„Nun, zu dem Zeitpunkt, wo der andere Autofahrer Sie bedrängte, konnten Sie nichts anderes machen. Und auch als er Sie beleidigte nicht. Ich habe mich sowieso gewundert, warum Sie nicht zurückgeschimpft haben. Erstaunlich."

„Dazu war ich gar nicht in der Lage. Ich war viel zu überrascht. Mit solchen Auswüchsen hab ich beim besten Willen nicht gerechnet."

„Glaub ich Ihnen gerne. Verstehen Sie, die Situation ist passiert, hat sich aufgebauscht und dann entladen – sehr sachlich ausgedrückt. Daran kann man jetzt nichts mehr ändern. Allerdings können Sie an den Auswirkungen etwas ändern. Sie können die durch die Situation ausgelösten Gefühle erkennen und loslassen. Das nennt man transformieren."

„Wie jetzt?" Cassandra hatte irgendwie ein Brett vor dem Kopf. Sie verstand immer noch nicht, was Wilhelm ihr umständlich zu erklären versuchte.

Wilhelm spürte, dass er es irgendwie anders erklären musste. Er rang nach Worten. „Wissen Sie, Cassandra, Sie haben sich doch im Tiefsten gar nicht über diesen Autofahrer aufgeregt, sondern viel mehr darüber, dass dieser Autofahrer in der Lage war, Sie aus ihrer guten Laune herauszuholen, die Sie, wie Sie mir eingangs erzählten, durchaus vorher gehabt haben. Anders ausgedrückt, Sie haben sich darüber geärgert, dass ein Fremder Ihre Gefühle beeinflussen kann. Sie haben sich über Ihre eigene Wut geärgert, die langsam zum Vorschein kam. Verstehen Sie, was ich meine. Der Autofahrer war nur der Auslöser. Sie hätten sich nicht ärgern müssen – aber Sie haben es getan, und darüber ärgern Sie sich."

„Puh, das ist jetzt aber heftig, was Sie mir da erzählen. So ganz will das immer noch nicht in meinen Kopf, aber es fängt an zu dämmern. Ich glaube, ich weiß jetzt, worauf Sie hinaus wollen. Möchten Sie mir sagen, dass eigentlich im außen passieren kann, was will, es sollte keinen Einfluss auf meinen Gemütszustand haben?"

„Oh, das haben Sie aber sehr schön ausgedrückt. Ja, genau, das meinte ich. Niemand ist für Ihre Gefühle verantwortlich, außer Sie selbst. Dieses zu erkennen, ist die größte Herausforderung im Leben, die es gibt. Denn jeder neigt doch dazu, andere für seine Gefühlszustände, Misere oder sonstigen Lebensumstände verantwortlich zu machen. Das ist aber ungerecht und im tiefsten Inneren wissen wir das auch. *Die Erkenntnis daraus heißt also: lass die Vergangenheit los und vergebe – vergebe dir selbst.* Sich selbst zu vergeben ist eine schwere Aufgabe. Glauben Sie mir, ich weiß wovon ich spreche. Wie oft ist es mir selbst passiert, dass ich mich ohne Ende aufgeregt und andere angeschrien habe in der

Annahme, sie seien dafür verantwortlich. Sie müssen verstehen, ich war früher selbständig – ich hatte einen Handwerksbetrieb. Da herrscht sowieso ein rauer Ton. Da fällt es gar nicht auf, wenn man den einen oder anderen Mitarbeiter zur S.. ähm, fertigmacht. Vielfach wird das sogar von einem Chef erwartet. Verrückte Welt."

„Ich verstehe gut, was Sie meinen. Meine Eltern haben eine Tischlerei. Da herrschen ähnliche Verhältnisse. Außerdem war dieses Thema noch gestern Gesprächsstoff mit meinen Freunden. Da ging es um Enttäuschung. Interessanterweise habe ich sogar meinem guten Freund geraten, sich selbst zu vergeben und damit sein fehlerhaftes Handeln loszulassen."

„Oh prima, dann wissen Sie ja, wovon ich spreche."

„Ja, das tue ich irgendwie. Allerdings hatte mein Kumpel tatsächlich selbst eine Situation verbockt – es ging um viel Geld. Er fühlte sich betrogen und ärgerte sich maßlos darüber, nicht genauer nachgefragt zu haben. Meine Situation war aber irgendwie anders, denn ich bin mir keines Fehlers bewusst. Denke ich zumindest."

„Indirekt stimmt das. Genauer betrachtet begingen Sie den Fehler, sich beeinflussen zu lassen. Ein nicht unerheblicher Fehler."

„Hm, wenn man das so sieht, stimmt das natürlich. Das könnte ich mir tatsächlich vorwerfen. Aber soll ich denn dann in Zukunft stumpfsinnig durch die Gegend juckeln und so tun, als würde mich nichts mehr berühren? Nur um mich zu schützen? Das bin ich irgendwie nicht. Ich bin nämlich sehr gefühlvoll in diesen Dingen und mag keine stumpfsinnigen Menschen."

„Nein, Stumpfsinnigkeit meine ich nicht damit. Die gefällt mir auch nicht. Nein, ich empfehle Ihnen in solchen Situationen bei sich zu bleiben und sich komplett nur auf sich und Ihr Handeln zu konzentrieren. Also, heute Morgen zum Beispiel hätten Sie noch bewusster Auto fahren können. Das heißt, Sie hätten noch mehr auf alle Verkehrsteilnehmer achten können, auf die an der Straßenseite und die vor Ihnen. Den Verkehrsteilnehmer hinter sich hätten Sie dann zwar auch wahrgenommen – aber ihm hätten Sie dann nicht mehr so viel Raum gegeben. Ich persönlich sage mir immer in solchen Momenten, `ich fahre jetzt Auto, ich achte auf alles um mich herum, ich gebe mein Bestes´. Das hat eine erstaunliche Wirkung auf mein gesamtes Wohlbefinden."

„Ah, das ist eine gute Idee." Cassandra spürte wieder Leben in sich. Sie liebte praktische Vorschläge. Sie versank wieder in ihren Gedanken und versuchte die Geschichte von heute Morgen im Geiste umzuschreiben. Wilhelm beobachtete es mit Wohlwollen und ließ sie in Ruhe.

Plötzlich zuckte sie zusammen.

Ich hätte da noch eine Frage: *wie* soll ich mir denn selbst verzeihen. Ich wollte das schon öfter, hab es aber irgendwie nie wirklich hingekriegt. Gibt es da eine bestimmte Technik oder Vorgehensweise?"

„Nun", Wilhelm schaute sich ein wenig unsicher um, so als wolle er prüfen, ob jemand zuhörte, „da gibt es wunderbare Hilfe aus der geistigen Welt. Bitten Sie einfach Ihren

Schutzengel, Ihnen dabei zu helfen. Übergeben Sie ihm die ganze Wut, den Ärger und auch die Angst. Sprechen Sie zu ihm, wie zu einem guten Freund und bitten Sie ihn, Ihnen diese Last von der Seele zu nehmen. Er wird sehr darüber erfreut sein und alles Nötige in die Wege leiten. Sie werden dann spüren, wie Ihre Wut sich verflüchtigt. Sie können es förmlich beobachten. Und wenn Sie diese Bitte des Öfteren wiederholen, werden sie irgendwann den Ärger und die Wut bezüglich dieser Situation überhaupt nicht mehr wahrnehmen."

„Sie glauben an so was? Cassandra schaute Wilhelm überrascht an.

„Nun, ich komme aus einer Zeit, in der man noch vor jeder Mahlzeit sein Tischgebet sprach."

„Davon habe ich gehört, aber was soll das bringen?"

„Na ja, Genaueres kann ich Ihnen darüber auch nicht sagen, ich bin schließlich kein Theologe, aber ich finde, es macht Sinn, Gott für das Essen zu danken und durch das Gebet der Nahrung einen gewissen Respekt entgegenzubringen. Ich finde, schaden kann es nicht."

„Ok, da gebe ich Ihnen Recht. Und das mit den Engeln glauben Sie auch?"

„Ja, unbedingt. Mein Schutzengel hat mir schon oft geholfen. Erst gestern noch. Als ich die Straße überqueren wollte, blieb Ben einfach sitzen. Ich konnte an ihm herumzerren und ihn mit Worten auffordern – keine Chance. Ich hatte schon einen Fuß auf die Straße gesetzt. Als Ben sich weiterhin weigerte, bin ich zu ihm hin um ihm mit guten Worten zuzureden. Ich hatte gerade den Fuß von der Straße genommen, als ein Auto mit überhöhter Geschwindigkeit um die Ecke fuhr. Ben konnte diesen Wagen unmöglich gesehen oder gehört haben, denn an diesem Straßenübergang ist es insgesamt sehr laut. Verstehen Sie, es war mein Schutzengel, der meinen Hund aufforderte, sitzen zu bleiben."

„Wahnsinn. Was haben Sie danach gemacht?"

„Erst einmal saß der Schock tief und ich musste mich an der Straßenlaterne abstützen. Danach habe meinem Hund ein Leckerchen gegeben und mich bei meinem Schutzengel bedankt. Ich finde, beide machen einen guten Job. Interessanterweise lief Ben danach wie geschmiert über die Straße. Tja, das ist schon was Besonderes mit den Engeln."

„Hm, und Sie glauben, Sie helfen auch dabei, Ängste und eigene Vorwürfe loszulassen?"

„Ja, das funktioniert wirklich, glauben Sie mir."

„Ok, ich probier´s aus, gleich heute Abend. Mal sehen, was passiert."

„Sehr schön, und wenn Sie es richtig gut machen wollen, überlegen Sie doch gleich heute Abend auch noch, was Sie aus dem Ganzen lernen können. Denn jede Situation, die uns intensiv entgegentritt hat einen tieferen Sinn."

„Ja, sie hat den Sinn, zu erkennen, dass dieser Autofahrer ein Idiot ist."

Wilhelm lachte schallend. Ein schönes Lachen, fand Cassandra. Dieser Mann hatte wirklich Freude am Leben. Es wirkte auf sie richtig ansteckend.

„Na ja, oberflächlich gesehen, sicherlich. Doch wenn Sie tiefer hinschauen, müssten Sie sogar diesem Mann dankbar sein, denn er hilft Ihnen gerade dabei, sich mit ihren Gefühlen auseinanderzusetzen und Erkenntnisse zu definieren. Vermutlich nicht gerade ihr Lieblingsthema, oder?"

„Hm, stimmt." Cassandra knurrte widerwillig. Sie wusste, dass Wilhelm ihren wunden Punkt getroffen hatte aber sie war ihm nicht böse. Denn es stimmte ja. Doch was gab es schon groß aus solchen bescheuerten Situationen zu lernen. Innerlich sträubte sie sich immer noch ein wenig, den tieferen Sinn zu suchen.

„Könnte es sein, dass Sie lernen sollen, auch dann, wenn man Sie drängt oder gar bedrängt, bei sich selbst zu bleiben. Zu hinterfragen, ob Sie irgendetwas zum Wohlergehen aller beitragen können, und wenn nicht, ruhig zu bleiben und andere gegebenenfalls vorbeiziehen zu lassen, falls diese sie in ihr Boot ziehen wollen."

Cassandra saß da mit offenem Mund. Dieser Mann haute ja Sachen raus. Sie wollte gerade die Gabel zum Mund führen und stockte komplett in dieser Bewegung. Wilhelm lachte wieder sein schallendes Lachen. Sie schien anscheinend sehr zu seiner Erheiterung beizutragen.

„Cassandra, Sie sind eine wunderbare und besondere Frau. Bitte behalten Sie Ihre Art und Ihren Humor bei. Er ist köstlich. Ihr Freund wird diese Art an Ihnen sicherlich auch sehr schätzen, oder?"

Wumms, wieder ein wunder Punkt.

Er sah es sofort. „Oh Entschuldigung. Ich wollte Ihnen nicht zu nahe treten. Bin einfach davon ausgegangen, dass solch eine hübsche und wunderbare Frau wie Sie bestimmt einen Partner hat. Aber ich seh´ schon, Gefühle sind tatsächlich nicht Ihr Ding, oder?"

Cassandra seufzte. „Stimmt, daran hapert´s auch noch. Ich hab echt noch viel zu tun, damit mein Leben rund läuft. Hört das denn nie auf?"

Jetzt lächelte Wilhelm wieder sein charmantes Lächeln. „Nein, meine Liebe, es hört nie auf, denn es gibt immer etwas anzuschauen. – Aber es wird leichter mit der Zeit, das kann ich Ihnen versprechen."

Mit diesen Worten packte er seine Sachen zusammen, zahlte, zog seinen Trenchcoat über und sagte mit einer leichten Verbeugung: „Cassandra, es war mir eine große Ehre, dass Sie mit mir Zeit verbracht haben und ich Ihnen vielleicht bessere Laune mitgeben konnte. Ben und ich werden jetzt wieder nach Hause gehen. Wir brauchen unseren Mittagsschlaf." Dabei zwinkerte er ihr zu.

Wie als hätte es ein Stichwort gegeben, sprang Ben auf, wedelte voll freudiger Erwartung mit dem Schwanz und trabte neben seinem Herrchen her.

Cassandra schaute den beiden nach. Ein sehr interessantes Pärchen. Ein sehr interessantes Gespräch. Wie schön, dass ich die Zeit hatte, mich darauf einzulassen. Heute Abend werde ich mir schöne Musik auflegen, etwas träumen und über die Sinnhaftigkeit des heutigen Morgens nachdenken.

Cassandra spürte absolut keinen Ärger und auch keine Wut mehr in sich. Diese Gefühle waren wie weggefegt. Erstaunlich. In so kurzer Zeit. Das hatte sie ja noch nie hingekriegt. Was so ein Gespräch alles ausmachte.

Mit diesen Gedanken erhob sich auch Cassandra und machte sich auf dem Weg zum nächsten Kunden. Das Mittagessen würde sie ausfallen lassen. Schließlich hatte sie ja gerade erneut gefrühstückt. Es machte nichts. Diese Begegnung, dieses Gespräch waren wesentlich mehr wert als alles andere und sie war dankbar und glücklich, dass sie sich darauf hatte einlassen können.

`Anscheinend bin ich tatsächlich schon ein wenig vorwärts gekommen. Solche Gespräche mit einem völlig fremden Mann wären früher undenkbar für mich gewesen. Ähnlich wie die Geschichte mit Yelzin, als ich meine Quittung im Parkhaus verloren hatte. Witzig´, dachte Cassandra. Irgendwie zog sie zur zeit Männer an, die ihr im Leben wirklich weiterhelfen konnten. Sehr interessant. Leider war immer noch kein potentieller Partner dabei. Aber auch das würde sich bestimmt noch ändern.

Mit diesem Gedanken huschte schon wieder ein Lächeln über ihr Gesicht. Der nächste Kunde würde wieder eine freundliche, fröhliche und äußerst attraktive Verhandlungspartnerin vorfinden. Sehr schön.

Nach der Arbeit traf sie sich mit Mona. „Wollen wir einen kleinen Spaziergang um den See machen? Es ist zwar noch frisch, aber irgendwie riecht es schon so schön nach Sommer." Cassandra hatte diese besondere Stimmung nach dem Gespräch mit Wilhelm den ganzen Tag über beibehalten können. Sie wirkte klar und aufgeräumt. Mona fiel das sofort auf. „Sag mal beste Freundin, irgendwie bist du heute anders. Ist irgendwas passiert? Was Schönes, meine ich?"

Cassandra lächelte. „Ja, es ist tatsächlich was passiert" – und sie erzählte ausführlich, was sie heute erlebt hatte.

„Wow, das ist ja wirklich eine interessante Geschichte. Siehste Mäuschen, jetzt triffst du schon jeden Tag neue Kerle. Der eine rennt dir hinterher und der andere kümmert sich um dich. Wie schön!"

„Super, Mona, der eine ist verheiratet und der andere über 70. Ganz klasse."

„Na ja, es ist doch schon mal ein Anfang. Bis du deinen Traummann findest, musst du schließlich ja auch noch einiges bei dir aufräumen."

„Boah, jetzt fängst du auch noch an. Aber du hast Recht. Es gibt noch viel zu tun. Apropos tun – bevor wir um den See rennen, müsste ich noch ´ne Kleinigkeit einkaufen. Kommste kurz mit in den Supermarkt?"

„Na klar, mach ich. Aber rennen, wie du es nennst, will ich nicht."

Die beiden Frauen lachten fröhlich. Eine gewisse Leichtigkeit hatte beide erreicht. Cassandra schnappte sich einen Einkaufswagen, lief gezielt durch die Gänge und packte die ihr fehlende Ware ein.

„Oh guck mal hier, Cass, hier gibt´s Kondome. Brauchst du welche?"

„Sag mal Mona, tickst du nicht echt. Was soll denn der Scheiß. Ich brauche Haargummis und keine Kondome oder soll ich mir die Dinger um meine Haare wickeln?"

Die beiden Frauen schauten sich an und prusteten los. Das Bild, das da vor ihren geistigen Augen entstand war echt zu komisch. „Ja, und wenn du dann doch mal ein Kondom brauchst, hast du immer eines dabei!" Mona fand's zum Quietschen. Sie hielt sich den Bauch. Cassandra lächelte eher säuerlich. Gut gelaunt marschierten beide zur Kasse.

Als Cassandra ihre Waren auf das Band gepackt hatte, staute sich die Schlange, weil vor ihr eine ältere Frau ihr letztes Kleingeld zusammen kramte.

„Tja, so ist das immer, wenn man nur kurz etwas einkaufen möchte. Irgendeiner bremst dich aus". Mona erlebte so etwas ständig. Deswegen hatte sie sich schon daran gewöhnt und ertrug es mit Geduld. Cassandra hingegen wurde unruhig. Mona spürte das.

„Hör mal, die alte Dame gibt sich doch redlich Mühe. Die hat sicher ihr Kleingeld bald zusammen." Mona flüsterte, denn die ältere Dame vor Ihnen sollte es nicht mitbekommen.

„Das ist es nicht", flüsterte Cassandra zurück. „Hinter mir. Die Frau hinter mir, drängelt und fährt mir fast auf die Hacken. Geht das schon wieder los. Ich fass es nicht."

Die junge Frau hinter ihnen wirkte noch unruhiger als sie beide, verbreitete Hektik und leichte Aggressivität. „Wird's noch was heute?" brüllte sie Richtung Kasse. „Andere wollen heute noch nach Hause!"

Cassandra und Mona schauten sich betroffen an. „Unverschämt, oder?" Mona flüsterte immer noch, vorsichtig ihren Blick auf die Frau hinter Cassandra gerichtet.

„Au." Cassandra schrie auf. „Was ist?" Mona klang besorgt.

Cassandra deutete mit einer Kopfbewegung auf die Frau hinter sich. „Jetzt ist sie mir wirklich hinten auf die Hacken gefahren. Mein Gott, warum drängeln alle Menschen so. Dadurch geht es auch nicht schneller."

Cassandra holte tief Luft, um sich zu beruhigen und erinnerte sich an das Gespräch heute Morgen. Was hatte Wilhelm noch gesagt: ` *ich empfehle Ihnen in solchen Situationen bei sich zu bleiben und sich komplett nur auf sich und Ihr Handeln zu konzentrieren.* ´

„Ok," Cassandra sprach mehr zu sich als zu Mona, „ich konzentriere mich nur auf mich und mein Handeln. Ich stehe hier mit meiner besten Freundin und warte, dass ich bezahlen darf."

Zack, jetzt rammte der Einkaufswagen ihren Po. „Verdammt, jetzt reicht es mir", sie flüsterte zwar immer noch, war aber drauf und dran sich umzudrehen, und der Dame hinter ihr mal so ordentlich die Meinung zu sagen. Mona bemerkte es und fasste sie am Ärmel: „stopp, Cass, was hat Wilhelm dir heute Morgen noch gesagt, da war doch noch was mit Gemeinwohl und vorbeiziehen lassen. Kannst du dich erinnern?"

Eigentlich hatte Cassandra keine Lust sich zu erinnern, denn sie kochte schon wieder. Aber Mona sprach etwas an, das sie schon fast vergessen hatte. Ja, es stimmte. Da war was. Was sagte er noch gleich: ` *„Könnte es sein, dass Sie lernen sollen, auch dann, wenn man Sie drängt oder gar bedrängt, bei sich selbst zu bleiben. Zu hinterfragen, ob Sie irgendetwas zum Wohlergehen aller beitragen können, und wenn nicht, ruhig zu bleiben und andere gegebenenfalls vorbeiziehen zu lassen, falls diese sie in ihr Boot holen wollen?"*

Plötzlich verstand Cassandra, was Wilhelm heute Morgen gemeint hatte. Sie schaute zur Kassiererin. Auch die schien nicht sehr begeistert zu sein, hatte doch die ältere Dame aus lauter Verzweiflung ihr gesamtes Portemonnaie auf dem Laufband ausgeschüttet, weil sie nicht mehr so gut sehen konnte, während die Kundin hinter Cassandra schon zu schnaufen schien.

Cassandra fragte sich: `kann ich irgendetwas zum Wohlergehen aller beitragen? Hm, anscheinend nicht, denn sich vorne einzumischen, würde die Sache nicht beschleunigen. Also Teil II, `ruhig bleiben und vorbeiziehen lassen´. Ja, das könnte funktionieren.

Extrem ruhig und aufgeräumt drehte Cassandra sich um, schaute die Frau hinter sich mit freundlichen Augen an und sagte: „Sie haben es anscheinend sehr eilig. Möchten Sie vorbei?"

Die junge Frau stutzte kurz, nahm das Angebot aber dankend an. Sie tauschten die Plätze indem sie die Einkaufswagen hin und her rangierten und verschoben die Waren auf dem Laufband. Die junge Frau drehte sich noch einmal um und sagte: „Oh, ich danke Ihnen sehr. Wissen Sie, ich habe ein kleines Kind zu Hause und ich wollte nur kurz diese Windeln und diese Babynahrung kaufen. Ich hab aber ein total ungutes Gefühl. Verstehen Sie, ich mach mir echt Sorgen".

Cassandra und Mona sahen in völlig verzweifelte Augen und versuchten die junge Frau zu beruhigen. „Was soll schon in dieser kurzen Zeit passieren. Zu Hause gehen Sie ja auch mal in ein anderes Zimmer und beobachten nicht pausenlos ihr Kind, oder?" „Ja, da stimmt natürlich. Trotzdem. Keine Ahnung, ich bin einfach zu unruhig."

Cassandra und Mona verstanden das. Sie beide würden vermutlich genauso reagieren. Endlich ging es an der Kasse weiter. Die Kassiererin hatte alles Kleingeld gefunden und der älteren Dame noch geholfen alles einzupacken. Eigentlich ein toller Service. Nur für manch andere Kunden dauerte das natürlich zu lange. Als die ältere Dame endlich gegangen war, ging alles ganz schnell. Die junge Frau drehte sich erneut um und bedankte sich noch einmal herzlich, dass sie vorgehen durfte und eilte davon.

„Wenn das kein perfekter Tag ist!" Mona freute sich richtig und sagte es laut als sie die Waren in den Kofferraum einluden.

„Was meinst du mit `perfekten´ Tag?"

„Überleg doch mal, dein Gespräch heute Morgen trägt schon Früchte. Du hast dich ziemlich genau an das gehalten, was Wilhelm dir vorgeschlagen hat und siehe da, es funktioniert. Du bist auch erstaunlich ruhig geblieben. Das ist für dich wirklich ein Fortschritt."

„Meinst du echt?"

„Ja, du warst schon drauf und dran tierisch hochzufahren. Doch dann hast du deine Strategie geändert, bist bei dir geblieben - denn du konntest ja nichts dafür, dass sich alles staut - hast geschaut, ob du irgendwem helfen kannst und hast dann die Frau hinter dir vorbeigelassen. Das ist für dich eine erstaunliche Leistung, wo du doch sonst eher diejenige bist, die andere zusammenstaucht."

„Echt, Mona, tue ich das?"

„Ja, zumindest dann, wenn du dich im Recht fühlst oder völlig unschuldig an der Situation bist."

„Hm, da ist was dran. Ja, erstaunlich. Tatsächlich. Das Gespräch heute Morgen hat mir wirklich gut getan und es funktioniert tatsächlich. Hätte ich nicht gedacht."

„Siehste Mäuschen, manchmal muss man sich nur unterhalten und man erfährt erstaunliche Dinge." Mona hüpfte fast als sie das sagte. Sie freute sich über die Fortschritte ihrer Freundin und hatte auch für sich selbst einiges erkannt. Sie spielte nämlich bei Dränglern immer die Ignorante. Funktionierte nicht unbedingt, denn die Drängler wurden dabei immer wütender. Cassandras neue Vorgehensweise versprach hingegen eine andere und für alle positivere Lösung. Das gefiel ihr. Sie nahm sich vor, bei der nächsten Gelegenheit ähnlich zu reagieren.

Kapitel 5:   Höre auf deine Intuition

Während der Autofahrt schwiegen beide und hingen ihren Gedanken nach. Als sie später ausstiegen, übermannte sie die Schönheit des Sees. In der untergehenden Sonne wirkte alles sehr mystisch, das Wasser spiegelte die untergehende Sonne wider, eingetaucht in rosa Farbe. Die beiden Frauen blieben weiterhin stumm, denn keine von beiden wollte den Zauber dieses Augenblicks stören. Relativ schweigsam umkreisten sie den See. Es tat gut, in der Natur zu sein, die Ruhe auf sich wirken zu lassen und die frische Luft einzuatmen. Beide nahmen tiefe Atemzüge.

„Komm, wir setzen uns dort mal auf die Bank. Es ist ein so wunderbarer Moment. Da möchte ich nicht rennen."

Diese Aussage von Cassandra überraschte Mona, denn ihre Freundin hatte es sonst immer eilig.

„Das freut mich, dass du jetzt so denkst. Genau. Lass uns diesen Augenblick genießen."

So saßen sie da, zwei hübsche Frauen, versunken in die Schönheit der Natur.

Sie ließen sich auch nicht stören, als mehrere Menschen an ihnen vorbeigingen. Niemand rannte, alle versuchten die Schönheit des Augenblicks zu inhalieren.

Plötzlich wurden Cassandra und Mona aus ihrer Stimmung gerissen, weil sie jemanden stark keuchen hörten. Sie konnten es kaum erkennen, denn die Dunkelheit nahm zu.

Doch es näherte sich jemand halb rennend, halb schnaufend. Sie konzentrierten sich und erkannten plötzlich Maja, die wie von Furien gehetzt an ihnen vorbeistolperte.

„Sag mal, war das nicht Maja?" Cassandra traute ihren Augen nicht. „Ja, dachte ich auch gerade." Mona wirkte ebenfalls sehr verwirrt.

„Seit wann joggt Maja um den See. Die ist doch sonst nie draußen. Deswegen sieht sie ja aus wie eine Kalkleiste. Was treibt die denn hier und vor allem um diese Zeit?" Maja wurde unruhig. Irgendetwas stimmte da nicht. Es entsprach einfach nicht Majas Lebensstil, hier abends herzumzulaufen. Es musste etwas passiert oder Besonderes vorgefallen sein.

„Sag mal Cass, das passt überhaupt nicht zu Maja. Und außerdem, trifft sie sich nicht zu dieser Zeit immer mit diesem, diesem äh Kevin, oder wie der noch heißt? Das läuft doch online. Warum in aller Welt rennt sie also hier draußen was rum. Da stimmt ganz derbe was nicht. Ich denke, wir sollten ihr folgen und rausfinden, warum sie wegrennt."

„Meinst du wirklich, Mona? Wenn Maja das rauskriegt, dann gibt's aber heftigen Ärger, das weißt du schon, oder? Kannst du dich noch an unser Gespräch letztens erinnern? Da ist sie ja richtig hochgefahren, als wir ihr emotional zu nahe kamen. Ich weiß nicht, ob das eine so gute Idee ist…"

„Ja, ja aber wenn morgen in der Zeitung steht, dass eine junge Frau verfolgt, vergewaltigt und ermordet wurde, werden wir uns lebenslang Vorwürfe machen, weil wir das vielleicht hätten verhindern können. Du weißt doch, wer sich hier nachts immer herumschleicht.

Mona spielte auf die Drogensüchtigen an, die sich als Lieblingsumschlagplatz diesen See ausgesucht hatten. Bisher war hier zwar außer Drogenumsatz nichts Besonderes vorgefallen, schon gar nicht irgendein Überfall oder gar Mord, aber man wusste ja nie. Irgendwann konnte so etwas immer passieren. Schließlich waren Drogensüchtige unberechenbar.

„Oh Mensch Mona, jetzt hast du´s geschafft, jetzt mach ich mir auch Sorgen. Vielleicht hast du sogar Recht. Wenn wir uns verdeckt verhalten, merkt sie ja gar nicht, wenn wir sie beobachten. Also, los geht's."

Mit diesen Worten sprang Cassandra auf, zog Mona von der Bank und begann im leichten Dauerlauf Majas Spur zu folgen. Mona blieb nichts anderes übrig, als sich diesem Tempo anzupassen, wobei sie die Unsportlichere von beiden war. Kein Mensch weit und breit. Es war zu dieser Zeit auch erstaunlich ruhig an diesem See. Zwar trafen sich die ersten Drogensüchtigen, allerdings verhielten die sich äußerst leise und tummelten sich mehr abseits dieses Weges hinter einem Gebüsch. Cassandra und Mona stoppten ihren Lauf immer wieder zwischendurch um zu Lauschen oder in die Dunkelheit zu spähen. Vielleicht konnten sie ja irgendetwas von Maja entdecken. Aber nichts. Rein gar nichts war von ihrer Freundin zu sehen.

„Wo ist die nur hingerannt. Dahinten gibt es nur Wiesen mit Schafen drauf und weiter rechts beginnt das Wohngebiet. Sollte sie etwa dadurch gelaufen sein?" Mona blieb ratlos stehen. Sie wusste auch nicht weiter. Beide versuchten verzweifelt, irgendetwas zu entdecken – ein Vorhaben, dass bei zunehmender Dunkelheit natürlich zum Scheitern verurteilt war. Die Augen taten schon weh und sie schielten fast, als Cassandra ihre Hand plötzlich in Monas Arm festkrallte. Mona schrie leise auf und wollte sich gerade lautstark beschweren, als auch sie den Schatten sah. Er bewegte sich sehr geschmeidig durchs Gebüsch. Dahinter befand sich ein kleiner Baumbestand, ihn Wald zu nennen, wäre zu viel gewesen, eher ein Wäldchen. Der Schatten ging plötzlich in Tarnung und stellte sich geschickt hinter einen Baum. Mona und Cassandra wechselten Blicke: „was macht sie denn da?" Mona flüsterte, damit Maja sie nicht bemerkte. „Keine Ahnung," flüsterte Cassandra zurück. „Ich weiß beim besten Willen nicht, was das Ganze hier zu bedeuten hat. Kannst du irgendjemand anderes erkennen außer Maja?" Mona schüttelte den Kopf. Ratlosigkeit machte sich breit. Was sollten sie nur tun? Hinter Maja hergehen, in das Wäldchen hinein? Das würde diese bestimmt mitbekommen und ein Riesentheater daraus machen. Sollten sie hier stehen bleiben und abwarten? Auch zu riskant. Jemand anderes könnte sie hier sehen, sie überfallen und ausrauben. Fixer brauchten schließlich auch Geld.

„Was machen wir denn jetzt, Cass?" Sie schauten sich beide an, soweit dieses in der Dunkelheit möglich war und überlegten krampfhaft, wie sie jetzt vorgehen sollten. Cassandra zuckte mit den Schultern. „Ich hab überhaupt keinen Plan, du etwa?" Mona schüttelte wieder ihren Kopf. Sie schauten zu Maja hinüber – sie war weg. Der Schatten war weg. Lautlos, ohne Aufsehen zu erregen, hatte sich Maja weiterbewegt. Erstaunlich bei diesem Unterholz. „Oh Shit, sie ist weg!" Fassungslos schaute Mona auf

Cassandra, als sie plötzlich hinter ihrer Freundin einen Schatten wahrnahm. Erst schemenhaft, dann immer deutlicher schlich dieser Schatten heran. „Cass, hinter dir!" Mona schrie es fast. Ihr Herz sackte bis in die Kniekehle. Erschrocken drehte sich Cassandra um – „Psst, schreit nicht so, ich bin´s doch nur, Maja."

„Mann, hast du uns einen Schrecken eingejagt. Was machst du eigentlich hier?"

„Leise, seht ihr die beiden da hinten?"

„Nee, kann nix entdecken, wen meinst du denn?"

„Na, die beiden dahinten. Vorsichtig, ihr müsst einen Schritt zur Seite gehen!"

„Ah, jetzt sehe ich sie". Mona hatte anscheinend die besseren Augen. „Was ist denn mit ihnen?"

„Ich weiß nicht, irgendetwas kommt mir da sehr komisch vor."

„Was meinst du mit komisch?" Cassandra fand die geheimnisvolle Art ihrer Freundin langsam anstrengend.

„Na ja, ich glaube, dass sich dort `Blumenkind´ mit `Terminator´ trifft und ich gestehe, das gefällt mir ganz und gar nicht. Ich habe so´ ne dunkle Ahnung, dass er ihr etwas antuen könnte."

Mona zappelte schon richtig. Sie war völlig verwirrt und musste diese verwirrten Gefühle durch Bewegung kompensieren.

„Hör mal `Blumenkind, Terminator`, was soll das? Willst du uns auf den Arm nehmen?"

„Nein, ganz und gar nicht. Dachte mir schon, dass mir kein Mensch glaubt. Deswegen bin ich ja auch alleine hinterher. Sonst hätte ich euch wahrscheinlich Bescheid gegeben, denn ich hab hier im Dunkeln ordentlich Schiss."

„Ja, aber was soll da.....?"

„Leise, Mona, seht ihr dahinten, jetzt schlägt er sie sogar. Seht ihr das?"

Tatsächlich. Das Pärchen im Wald hatte die Unterhaltung aufgegeben und ging jetzt zum handgreiflichen Teil über. Sie schimpfte und schubste ihn, er hielt sie fest und schlug ihr mit dem Handrücken der andern Hand durchs Gesicht.

„Was macht der denn da? Wir müssen ihr helfen!" Cassandra wollte schon losstürzen, als Maja sie im letzten Moment am Ärmel festhielt. „Cassandra, das ist ja lieb von dir, aber das geht jetzt nicht. Verstehst du? Eine Ohrfeige ist noch lange nicht lebensbedrohlich. Wenn er härter zuschlägt, können wir uns immer noch einmischen. Jetzt denke ich, muss sie da alleine durch, sonst kapiert sie ´s nie."

„Soll das heißen, du willst einfach zusehen, wie er sie grün und blau schlägt?"

„Nein, wenn es so weit geht, wie gesagt, mischen wir uns ein. Aber so weit ist es ja noch nicht."

Cassandra und Mona tauschten einen vielsagenden Blick aus, der so viel bedeutete wie: jetzt ist sie völlig durchgedreht. Das kommt von dieser bekloppten Online-Welt in der jeder „Nerd" machen kann, was er will. Im realen Leben sieht alles dann doch ganz anders aus.

„Oh Mann Maja!" Cassandra rastete fast aus. „In deiner Online-Welt kann nichts passieren, da ist ja alles virtuell. Aber hier, im realen Leben, das siehste ja, da geht es ganz anders ab. Da tuen Schläge tatsächlich weh, glaub mir, ich weiß wovon ich spreche."

„Weiß ich doch, Cass. Weswegen bin ich den beiden denn wohl gefolgt? Natürlich nur, um Schlimmeres zu verhindern!"

„Ok, aber woher wusstest du eigentlich, dass die beiden sich hier treffen. Ich dachte, in der Online-Welt ist alles anonym?"

„Ist es auch. Ihre richtigen Namen, zum Beispiel, kenne ich nicht. Ich hab nur im offenen Chatroom mitbekommen, wie die beiden sich verabredeten. Zuerst dachte ich, na ja, da verabreden sich zwei in der virtuellen Welt. Doch dann wurden die Details immer deutlicher. Er beschrieb ihr ganz genau den Platz, an dem sie sich treffen wollten. Ihr dürft nicht vergessen, wenn man sich nämlich in der realen Welt treffen möchte, weiß man ja nicht, wie der andere tatsächlich aussieht. Und damit beide zusammenfinden, haben sie einen Ort ausgesucht, an dem sonst niemand ist, versteht ihr? Also, ich kannte Tag und Uhrzeit und erkannte plötzlich, dass der Treffpunkt ganz in der Nähe meines Wohnortes sein musste – mir kam sofort das Bild von diesem See. Zuerst hat mich das ganz schön erschreckt. Denn, ob man es will oder nicht, irgendwie ist man doch verantwortlich, wenn man Dinge erfährt. Selbst wenn sie nicht für einen bestimmt waren.

„Hm, ja das schon. Aber wie hast du denn heraus bekommen, dass das Treffen hier, an diesem Ort stattfinden wird.

Dein virtueller Freund wohnt doch auch am anderen Ende der Welt?"

„Möglich."

„Wie möglich?"

„Na ja, ich gehe davon aus, weil er es mir gesagt hat. Also muss ich es zwangsläufig glauben. Tatsächlich könnte es aber genauso gut sein, dass er bei mir in der Nähe wohnt, und wir beide nur nichts davon wissen. Versteht ihr immer noch nicht, wir kennen nicht unsere realen Namen. Deswegen ist dieses Spiel ja so beliebt. Du bist anonym und bleibst anonym. Es sei denn…"

Weiter kam sie nicht, denn das Pärchen da vorne wurde immer lauter und gemeiner in der Wortwahl. „Du Idiot, nimmt deine Pfoten von mir! Spinnst du? Ich hasse das, du Spacken. Behalte deine blöden Finger bei dir!"

Sie sahen, wie die Frau verzweifelt versuchte, die fordernden Hände des Mannes von ihrem Körper fernzuhalten. Immer wieder schob sie die Hände weg, doch diese tauchten an irgendeiner anderen Stelle ihres Körpers wieder auf. Er schien sogar Spaß daran zu haben, und amüsierte sich darüber, wie sie sich zierte und sich gegen seine Annäherungsversuche sträubte.

„Oh Mist, was machen wir denn jetzt? Sollen wir eingreifen?" Cassandras Gesicht war aschfahl als sie sprach. Ihr kam es vor, als würde sie ihre eigene Szene dort drüben beobachten. Sie kämpfte mit einem Würgereiz, so geballt kamen die Erinnerungen hoch.

„Hey Cass, bleib ruhig. Das bist nicht du. Kapier das. Du stehst hier und dir passiert nichts. Ok?" Mona legte den Arm um die Schulter ihrer Freundin.

Cassandra nickte. Dennoch, der Druck in der Magengegend blieb.

Maja meldete sich zu Wort. „Wir machen erst etwas, wenn es ernst wird. Versteht ihr. Wir dürfen uns nicht einmischen, denn sie hat es so gewollt. Sie hat diese Situation herbeigeführt, indem sie diesem Treffpunkt zustimmte. Versteht ihr. Wir warten ab und sehen, was sie macht." Maja sprach mit Nachdruck, denn sie kannte ja bereits die übereifrige Helfermentalität ihrer Freundinnen.

„Ok Chef." Mona salutierte lächelnd, doch sie verstand. Hier hieß es, erst einmal abzuwarten. Sie kauerten sich weiter ins Gebüsch, um die Szene noch besser beobachten zu können.

Laute Stimmen. „Was hast du denn so plötzlich? Im Netz bist du die geilste Frau, die ich kenne und jetzt stellst du dich an, als wärest du frigide. So was Prüdes hab ich ja noch nie erlebt. Warum hast du dich überhaupt hier mit mir getroffen?" Der Mann war sichtlich sauer und wütend, hatte er sich den Abend doch ganz anders vorgestellt.

„Hör mal, wir hatten gesagt, wir treffen uns, damit jeder sieht, wie der andere im echten Leben ist. Vom spontanen Vögeln war nicht die Rede, oder?"

„Da, seht mal, was sie da mit den Händen macht", flüsterte Maja und zeigte vorsichtig mit dem Finger in die Richtung, in der sie etwas entdeckt hatte. Mona und Cassandra folgten diesem Fingerzeig, konnten aber nicht wirklich etwas Besonderes entdecken.

„Ich sehe nix, du?" Mona flüsterte ebenfalls und blickte zu Cassandra, die wie ein Adler durch das wirre Gebüsch spähte und ebenfalls versuchte, Genaueres zu erkennen. Diese zuckte die Schultern. „Ich sehe nur dunkle Schatten."

„Da, wieder. Schaut doch, mit den Händen, sie versucht einen Ast zu umklammern. Sehr ihr, wie sie strategisch weiter rückwärtsgeht, während er sie immer gieriger bedrängt?"

Und dann sahen auch sie es: die Frau hatte ihre Hände hinter ihrem Rücken, weil der Mann die Arme dorthin presste und sie überall küsste. Sie versuchte sich herauszuwinden, schaffte es aber nicht, denn der Mann war eindeutig stärker als sie. Deshalb suchte sie mit den Händen nach etwas, das sie einsetzen konnte, sie suchte nach etwas Handfestem, Hartem und sie erfühlte es – ein abgebrochener Ast. Er hing zwischen den Sträuchern und war vermutlich ein Opfer des letzten Sturms. Sie fühlte nur die Spitze des Astes. Sie musste zurück. Schritt für Schritt gab sie angeblich dem fordernden Drängen des Mannes nach. Er nahm es wohlwollend wahr und wähnte sich schon an seinem Ziel. Doch dann passierte es: mit einem plötzlichen Ruck trat sie einen großen Schritt zur Seite, zog den Ast hinter sich hervor und schlug mit lautem Gebrüll auf den Mann ein. Dieser war dermaßen überrascht, dass er den ersten Schlag heftig abbekam. Sie traf seine linke Gesichtshälfte und holte zu einem neuen Schlag aus. Er wollte zumindest diesen Schlag abwehren und schützte seine rechte Kopfhälfte mit den Händen. Sie aber schlug gegen seine Beine. Er schrie auf.

Danach folgten weitere Peitschenschläge, bis der Ast brach. Wütend warf sie den Ast auf den Boden, beschimpfte weiterhin den Mann aufs Übelste und rannte davon. Zurück blieb ein völlig verstörter und überforderter Mann. Die Frauen sahen, dass er im Gesicht heftig blutete. Dunkle Blutbahnen rannen von seiner Augenbraue und seiner Lippe herunter. Er drückte notdürftig sein Taschentuch dagegen und humpelte davon.

„Seht ihr, warum ich sagte, warten wir´s mal ab?" Maja triumphierte fast. Sie hatte etwas Ähnliches geahnt, denn sie kannte „Blumenkind" aus einem virtuellen Doppelmesserkampf und hatte derbe eins auf die Mütze bekommen. Diese Frau war clever. Viele unterschätzten sie, der Typ hier anscheinend auch.

„Mensch Maja, woher wusstest du das?"

„Keine Ahnung, es war einfach nur so ein Gefühl. Im Netz gewinnt sie fast sämtliche Kämpfe. Irgendwie war mir klar, dass sie das hier dann auch schafft. Fragt mich nicht, wieso ich dieses Gefühl hatte – es war ähnlich wie mit dem Treffpunkt hier – ein Gefühl. Es war einfach nur so da. Apropos da – warum seid ihr eigentlich da?"

„Ja, das war auch ganz komisch, denn wir beide spürten heute Abend das starke Bedürfnis um diesen See zu gehen und den Sonnenuntergang zu genießen. Normalerweise haben wir dazu keine Zeit oder machen andere Dinge, das weißt du ja. Aber heute, keine Ahnung, wir hatten einfach das Gefühl, als wäre es wichtig hier zu sein. Dabei dachten wir zunächst, dass es für uns, für unser inneres Gleichgewicht nützlich wäre. Aber wenn ich es jetzt mal neu betrachte, gab es eine Menge anderer Gründe dafür."

Cassandra sprach sehr bedächtig, denn während sie sprach, versuchte sie selbst, das Erlebte zu verstehen.

Mona wurde plötzlich munter: „könnte das die Intuition sein, von der so viele Leute sprechen. Dieses Gefühl, etwas tun zu müssen, ohne zu wissen warum?"

„Möglich, aber warum seid ihr hier in diesem Gebüsch? Der Weg ist doch dahinten?"

„Nun, wir sind dir, oder besser, deinem Schatten gefolgt. Es ging alles so schnell. Wir saßen in uns selbst versunken auf einer Bank, als du an uns vorbeigehuscht bist. Zuerst wollten wir sitzen bleiben, doch dann trieb uns irgendetwas, dir zu folgen. Vermutlich wieder unsere Intuition. Wir waren deine Verstärkung, für den Fall, dass es nötig gewesen wäre, einzugreifen. Gegen vier Frauen hätte der Typ nämlich echt keine Chance gehabt. Aber dass unser Blumenkind ihn so vermöbelt, wäre mir im Traum nicht eingefallen. Sehr klasse."

„Siehste Cassandra, und das war für dich!" Monas Augen funkelten, als sie das sagte.

„Wie, das war für mich. Was war für mich? Ich versteh nix."

„Diese, diese äh `Außendarstellung´."

„Hä??"

„Ja Cass, versteh doch, durch dieses Schauspiel konntest du quasi dein eigenes Erlebtes neu aufarbeiten. Du stecktest doch mittendrin in deinen Gefühlen, oder? Siehste, und dieses Mal ist es für die Frau gut ausgegangen, weil sie sich gewehrt hat. Das sollte dir Mut machen, es sollte dir zeigen, dass du es das nächste Mal auch schaffst."

„Hm, da ist was dran. Könnte natürlich sein. Meinste wirklich?"

„Ja, meine ich." Mona wirkte jetzt sehr selbstsicher. Sogar Maja stimmte ihr zu.

Cassandra wirkte irgendwie sehr nachdenklich. Einerseits fand sie es wirklich gut, wie sich die Frau gewehrt hatte, doch irgendetwas in ihr sträubte sich. Irgendetwas mahnte sie, sagte ihr, dass das Bild, diese Szene gerade, nicht ganz stimmig war. Irgendetwas störte Cassandra. Was mochte das sein? Irgendwie freute sie sich, dass dieser blöde Kerl mal so richtig verhauen wurde. Obwohl, leichtes Mitglied kam hoch, der hatte ganz schön was einstecken müssen. Mein lieber Freund, die Braut hatte wirklich mit voller Kraft zugeschlagen. Wenn dabei man nichts Schlimmeres passiert ist als Platzwunden.

Cassandra schüttelte mit dem Kopf.

„Was ist Cass, wieso schüttelst du dein weises Haupt?" Mona frotzelte schon wieder.

„Hm, ihr könnt mich für verrückt halten, oder so – Mona überlegte kurz, ob sie das tun sollte und schaute absichtlich angestrengt nach oben, wofür sie einen kurzen „Rippenpuffer" kassierte – aber irgendetwas stimmte nicht an der Szene eben. Ich weiß gar nicht, wie ich das beschreiben soll, aber mein Gefühl sagt mir deutlich, dass diese Frau zwar sehr effektiv gehandelt, für meine Begriffe aber überreagiert hat. Ich finde, sie hätte nicht den ganzen Baum auf diesen armen Kerl zerdeppern müssen."

„Nun Cass" jetzt meldete sich Maja zu Wort, „erstens war es nicht der ganze Baum, denn der steht ja noch, und zweitens, finde ich, war der Typ ganz schön dreist. Was hätte die Lady deiner Meinung nach denn sonst machen sollen, um da heraus zu kommen?"

„Stimmt schon Maja, damit hast du natürlich Recht. Aber könnt ihr euch noch an den Streit erinnern, an das, was er sagte?"

„Was meinst du genau?"

„Er sagte doch so etwas Ähnliches wie, `im Netz spielst du die Geile und hier bist du voll die Prüde´. Versteht ihr?"

„Nee, wir verstehen dich nicht?"

„Ooh Mann, kapiert´ s doch, die Frau hat ihm etwas vorgespielt im Internet. Sie hat im Schutz ihrer Anonymität die allzeit bereite, heiße Frau – also den Vamp – gespielt. Deswegen heißt es im Netz vermutlich ja auch `Rollenspiel´. Nur, wenn man dann die Entscheidung fällt, sich im wirklichen Leben zu treffen, hat man bzw. in diesem Fall frau natürlich ein Problem, denn sie ist ja gar nicht dieser Vamp. Das ist nur ihr Fantasiegebilde. Eine unbeachtete und vermutlich auch ungelebte Seite an ihr. Vermutlich wäre sie gerne ein Vamp, aber traut sich nicht. Oder sie glaubt, nur wenn man als Frau sich wie ein Vamp verhält, werden die Männer auf sie aufmerksam. Versteht ihr eigentlich? **D a s** war doch auch mein Problem letztes Jahr. Nach einem Jahr Abstand möchte ich sagen, habe ich auf der Tanzfläche auch eindeutig die falschen Signale gesetzt. Begreift ihr? Ich habe mein Rollenspiel auf der Tanzfläche gespielt. Diese Rolle war aber nicht ich, sondern nur ein

Teil von mir, ein Fantasiegebilde. Der Typ ist natürlich voll darauf angesprungen. Den Rest kennt ihr ja. Mensch, **das** war die Ursache. Versteht ihr, wir – also wir alle – legen tagtäglich diesen Spagat hin. Diesen Spagat zwischen dem, was man ist, oder denkt zu sein und dem, was man sein möchte. Das ist der Spagat des Lebens. Und Maja, wenn ich ehrlich bin, finde ich aus heutiger Sicht dein Ausleben im Netz wesentlich ungefährlicher als das hier im richtigen Leben."

Cassandra musste sich setzen. Sie ließ sich auf einen umgekippten Baumstamm fallen. Ihre Erkenntnis heute Abend hatte sie ganz schön mitgenommen.

Maja und Mona schauten Cassandra sorgenvoll an, wobei Maja allerdings mehr strahlte als sorgenvoll schaute.

„Warum grinst du so?" Mona schubste ihre Freundin leicht, damit sie damit aufhörte.

„Na, weil ich endlich eure Akzeptanz hab. Weil ihr endlich begreift, warum ich dieses Spiel so liebe. Warum ich mich Abend für Abend an den PC setze und in diese anonyme, virtuelle und von mir erschaffene Welt eintauche. Und wisst ihr, was mir Letztens passiert ist? Ich hatte eine Problemstellung, für die ich relativ schnell eine Lösung brauchte. Weil mir aber niemand einfiel, der mir dabei hätte Unterstützung geben können – sorry, ihr wärt meine zweite Wahl gewesen – habe ich die verzwickte Situation im Netz nachgespielt. Und ob ihr es glaubt oder nicht, mit dem gewissen Abstand, den man ja vor dem PC hat, und natürlich mit Hilfe der anderen Avatare, die einfach nur die von mir vorgeschriebene Rollen spielten, konnte ich eine für mich akzeptable Lösung erkennen. Tage später habe ich mich gedanklich voll auf dieses Szenario mit diesem von mir konstruiertem Ausgang konzentriert, immer und immer wieder. Und es ist unfassbar, aber es ist tatsächlich genauso gekommen."

Triumphierend schaute Maja von einer Freundin zur anderen. Sie wusste, dass immer noch eine gewisse Skepsis bezüglich ihres Spiels bestand, aber sie spürte auch, dass die Freundinnen sie immer mehr verstanden und ihr „Hobby" akzeptierten. Natürlich, da gab sie ihnen Recht, sie musste aufpassen, dass Second-Life tatsächlich nicht in eine Art Sucht ausartete. Aber mittlerweile fand Maja, hatte sie alles gut im Griff. Sie stellte sich einfach den Wecker am Handy und beendete diszipliniert nach dem Klingelton ihr Spiel. Die anderen Avatare, und selbst Kevin, hatten sich schon daran gewöhnt. Mittlerweile benutzten auch viele andere dieses Hilfsmittel.

Mona fröstelte. Langsam wurde es frisch – oder war es einfach nur Müdigkeit? Sie wusste es nicht. Es war ja auch egal.

„Kommt, lasst uns gehen", sagte sie deshalb und machte Anstalten, wieder aus dem Gebüsch herauszukrabbeln. Die anderen folgten ihr, schweigend. Jede war mit sich selbst beschäftigt und dachte über das gerade Gesagte nach. Oben auf dem Weg angekommen, beschlossen sie, noch nicht nach Hause zu gehen, sondern sich in Majas Wohnung bei einer Tasse Tee aufzuwärmen. Das war eine rein praktische Entscheidung, denn Majas Wohnung lag näher am See als die der anderen beiden.

Als sie eingekuschelt in Decken um den kleinen Klapptisch saßen (für „richtige" Möbel hatte Maja einfach keine Lust, sie investierte lieber in Technik), kam das Gespräch immer wieder auf die Erkenntnis, die sie zu den Rollenspielen gemacht hatten.

Dieses Mal übernahm Mona das Wort. „Aber hör mal Cass, wenn du mal ehrlich bist, spielen wir tagein, tagaus und fast ständig eine Rolle. Wer ist schon zu hundert Prozent er selbst im richtigen Leben. Dazu müsste man dann auch noch herausfinden, **wie** man wirklich ist. Das scheint mir keine leichte Aufgabe zu sein. Oder wisst ihr beide vielleicht, wie und wer ihr in Wirklichkeit, also in eurem tiefsten Herzen und mit völliger Ehrlichkeit seid? Und dann noch diese Sache mit der Intuition. Wie soll mich die Intuition leiten, wenn ich nicht weiß, wer ich bin bzw. wo ich hin will?"

Sprachlosigkeit. Keine der Frauen hatte auf diese Frage eine Antwort.

„Tja, das sagst du was. Keine Ahnung. Man spricht ja heute dauernd von Authentizität. Doch ehrlich gesagt ist mir noch kein Mensch begegnet, der wirklich authentisch gewesen wäre. Stell mal jemandem die Frage, wie es ihm geht. Na, was antwortet diese Person wohl?" Cassandra fachsimpelte schon wieder in alle Richtungen.

„Nun, er oder sie wird sagen, dass es ihm/ihr gut geht. Mach ich doch auch, wenn ich gefragt werde. Alles andere, nämlich das, wie es mir wirklich geht, will ja auch niemand hören. Das ist ja auch mehr eine Höflichkeitsfrage."

„Mag alles sein. Aber wenn du mal schaust, selbst im Freundeskreis ist es so. Man möchte die anderen nicht mit den eigenen Problemen belästigen oder einfach auch nicht zugeben, dass es einem echt beschissen geht. Deshalb spielen wir lieber die Rolle der ewig gut gelaunten Freundin oder die Rolle derjenigen Frau, die mit allen Schwierigkeiten des Lebens mit Leichtigkeit fertig wird. Ich vermute, auch unsere damalige Trainerin, die immer gut gelaunt war, hatte eine Maske auf und spielte die Trainerin, die immer gut drauf ist. Vermutlich musste das auch so sein, denn die anderen Frauen waren schon genug mit ihren eigenen Problemen beschäftigt, da konnte sie nicht auch noch ihre oben drauf kippen."

Drei Frauen starrten vor sich hin und nippten an ihren heißen Teetassen.

Mona unterbrach das Schweigen: „wisst ihr, wenn ich es so recht bedenke, spielt tatsächlich jeder in meinem näheren Umfeld und zu jeder Zeit eine bestimmte Rolle. Selbst mein Chef. Deswegen war ich damals ja auch so überrascht, als er sehr fürsorglich auf meine Beschwerde gegen den Abteilungsleiter reagierte. Die Rolle, die ich sonst von ihm kannte, hätte anders reagiert. Prinzipiell ist das doch bescheuert, oder nicht? Jeden Tag schlüpfen wir in unsere Rollen, reiben uns auf, um diese aufrechtzuerhalten und wundern uns dann, wenn wir abends so kaputt sind. Warum können wir nicht einfach so sein, wie wir sind?"

„Da glaube ich, macht uns unsere Angst einen Strich durch die Rechnung. Wir haben alle so sehr Angst davor, verletzt zu werden, dass wir uns nicht trauen, uns offen und ehrlich den anderen zu zeigen. Wir wären verwundbar. Aus der Kind- bzw. Schulzeit wissen wir noch zu gut, wie so etwas endet." Maja sprach langsam und mit großer Betonung. Diese Angst war vermutlich auch ihr Motor gewesen, weswegen sie sich in die Rollenspielwelt des Internets zurückgezogen hatte.

„Hm, denke ich auch." Cassandra konnte das nur bestätigen. „Ich denke aber auch, dass es verschiedene Motivationen für das Rollenspiel gibt. Auf der einen Seite ist es ganz sicher die Angst, als Opfer zu gelten – so wie in der Schule vielleicht. Auf der anderen Seite, möchten wir aber auch Aufmerksamkeit. Jeder Mensch möchte doch auch mal gesehen werden, wirklich wahrgenommen werden. Vielleicht sogar für irgendetwas Anerkennung bekommen. Das heißt, wir schlüpfen in die Rolle des Beschützers, des ständig Hilfsbereiten, oder des sehr Selbstbewussten. Die meisten Menschen tuen wirklich nur so, als wären sie selbstbewusst. Wenn man dann ein wenig an der Fassade rüttelt, fällt das komplette Kartenhaus in sich zusammen."

Cassandra kannte dieses von einigen Männern in ihrem Leben. Sie hatten sich aufgespielt, mit ihren Jobs und Autos rumgeprahlt und als es dann mal hart auf hart kam, als das Schicksal sie mal auf die Probe stellte, brachen sie ziemlich schnell ein und verzweifelten völlig.

„Aber es kann einem doch nicht immer gut gehen. Es gibt doch so viele Tage im Jahr, an denen möchte man sich lieber verkriechen und im Bett bleiben. Oder man ist traurig, verletzt oder einfach nur tierisch wütend." Mona fand die „ewigen Lächler" sowieso abstoßend.

„Nun, selbstbewusst heißt ja nicht, ständig gut gelaunt zu sein. Meiner Meinung nach heißt Selbstbewusstsein, dass man sich seiner Stärken und Schwächen bewusst ist. Für mich bedeutet das, dass ich erst einmal herauskriegen muss, wieviel ich mir zumuten kann und wieviel nicht.

Sobald ich mich überfordert fühle, muss ich dann gegensteuern. Das verstehe ich unter Selbstbewusstsein." Majas Augen leuchteten leicht, als sie das sagte. Lange, sehr lange hatte sie sich mit Kevin über dieses Thema ausgetauscht. Er war einer der wenigen Männer, die für diese Themen offen waren. Deswegen liebte sie ihn ja so sehr.

„Wow Maja, woher hast du denn so viel Philosophie. Aber irgendwie stimmt das. Ich sehe es ähnlich."

Cassandra schaute mit überraschter Bewunderung zu ihrer Freundin. `Erstaunlich, was man alles entdeckt, wenn man sich mal mit jemanden wirklich unterhält,´ dachte sie.

Mona saß derweil auf dem Sofa und kämpfte mit ihrer Müdigkeit. Der Tag zollte seinen Tribut und die Wärme mit dem heißen Tee tat ihr Übriges.

„Mäuschen, wenn du so weitermachst, schläfst du uns noch ein. Wollen wir nach Hause gehen?" Cassandra kannte ihre Freundin nur zu gut und wusste, dass es enorm viel Anstrengung benötigen würde sie vom Sofa hochzukriegen, wenn sie erst einmal eingeschlafen war.

„Du kannst auch hier auf dem Sofa schlafen, wenn du willst." Maja machte dieses Angebot, weil sie es selbst immer schrecklich fand, von der kuscheligen Wärme aus in die Kälte zu müssen.

Mona schüttelte mit geschlossenen Augen den Kopf. Ein Teil in ihr wollte schlafen und zwar jetzt sofort und der andere Teil wusste genau, dass sie sich dann morgen früh gar nicht mehr bewegen könnte. Außerdem fehlten ihr ja sämtliche Badartikel, wie Zahnbürste und so.

„Komm alte Frau!" Cassandra zerrte an Monas Armen. Beweg deinen Hintern hoch und setz einfach einen Fuß vor den anderen.

Mona lächelte. Sie kannte Cassandra und wusste, dass diese sie niemals hängenlassen würde. Langsam erhob sie sich, zog in Zeitlupe ihre Jacke an und bewegte sich gähnend zur Tür. „War gemütlich bei dir", brummelte sie in Richtung Maja und hakte sich bei Cassandra ein, um nicht die Treppe runter zu poltern.

„Tschüß Maja." Cassandra umarmte kurz ihre Freundin und wandte sich dann Mona zu, die mit halsbrecherischer Sicherheit Richtung Treppe marschierte.

Arm in Arm gingen sie zum Auto. Zuerst brachte Cassandra Mona nach Hause, wartete einen kurzen Moment um sicher zu sein, dass alles ok ist, und fuhr dann langsam im Mondschein Richtung eigene Wohnung. `Seltsam´, dachte sie, `ich habe nie gewusst, dass selbst im Mondschein die Wolken rosa-farben leuchten. Ich dachte immer, nur der Sonnenuntergang schafft das´. Sie hielt am Straßenrand an, um das Schauspiel am Himmel genauer betrachten zu können. Für diese Jahreszeit war es auch nicht mehr ganz so frisch in der Nacht. Außerdem hatte sie ja auch noch ihre dicke Winterjacke an. Sie stieg aus und lehnte sich an ihr Auto. Gedankenverloren starrte sie in den Himmel. Durch den starken Wind ergaben sich verschiedene Wolkenformationen, die sich immer wieder ineinander und übereinander verschoben. Dadurch entwickelten sich die unterschiedlichsten Farbspiele. Der Vollmond leuchtete, es war fast taghell. Cassandra konnte sich gar nicht satt sehen. `Diese Schönheit ist unfassbar!´ Irgendwie hatte sie nachts noch nie so sehr darauf geachtet, schließlich war sie heute nicht zum ersten Mal nachts unterwegs. Abrupt wurde sie aus ihren Gedanken gerissen: zuerst hörte sie es, dann spürte sie es – ein Schatten schlich etwas weiter entfernt herum. Sie wusste nicht, wer oder was es war. Konnte auch ein streunender Hund sein. Dennoch, irgendetwas in ihrem Bauch zog sich zusammen.

Sie drehte sich nach allen Seiten um, um besser sehen zu können. Und dann sah sie ihn, sie sah die Silhouette eines Mannes mit Schirmmütze. Schlagartig war sie hellwach. Er schlich zwischen den parkenden Autos hin und her, schaute hier und da mal hinein oder probierte eine Tür.

`Ah´ dachte Cassandra, `der will eines klauen. Ich könnte mich jetzt einmischen und ihn vertreiben. Aber ich glaube, dafür reichen meine Selbstverteidigungstechniken nun doch nicht. Was hatte noch die Trainerin gesagt: „kümmere dich zuerst um dich, um deine eigene Sicherheit und dann um andere", hm, da war natürlich was dran. Ich glaube, ich fahr besser weg´. Sie bedauerte es ein wenig durch diesen Autodieb in ihrer Ruhe gestört worden zu sein, stieg schnell in ihr Auto, verriegelte von innen und startete den Motor. Plötzlich trommelte etwas an ihrer Fensterscheibe. Der Mann stand direkt an der Fahrertür und riss daran. Gottseidank hatte sie verriegelt. Sie erschrak bis ins Mark. Er sah sehr bleich aus mit sehr dunklen Rändern unter den Augen. Er rief etwas und verzog dabei sein Gesicht wie zu einer Fratze. Panik ergriff Cassandra. Sie legte den ersten Gang ein und brauste mit Volldampf davon. Der Motor heulte auf bei der hohen Drehzahl, es machte nichts. Sie wollte nur so schnell wie möglich weg. Sie raste über die Straße als wäre der Teufel hinter ihr her. Verkehrsregeln?

Welche Verkehrsregeln. Es interessierte sie nicht. Schließlich befand sich kein Mensch auf der Straße – doch, Mist, Blaulicht. Nein, das jetzt nicht auch noch. Was ist das heute nur für ein beschissener Tag.

Sie fuhr erneut rechts ran, jetzt allerdings nicht um den Vollmond zu betrachten, sondern weil die Polizei hinter ihr sie dazu nötigte. Zwei Beamte stiegen aus, setzten ihre Mützen auf und begrüßten sie durch die heruntergelassene Fahrerscheibe: „Guten Abend, junge Frau, Sie haben es aber eilig. Man könnte meinen, sie würden verfolgt!" Der Beamte wollte einen Scherz machen, sah aber im gleichen Atemzug, dass die junge Frau dort im Auto leichenblass war und am ganzen Körper zitterte.

„Sagen Sie, ist Ihnen nicht gut?"

Cassandra schüttelte den Kopf und versuchte mit bebenden Händen irgendwie ihren Führerschein aus ihrer Handtasche zu fischen.

„Nun beruhigen Sie sich erst einmal. Die Papiere können Sie uns gleich zeigen. Was ist denn passiert?"

Cassandra erzählte stockend von dem Autodieb und wie sie ihm nur knapp entkommen war.

„Wo genau war das?"

„Ortsausgang, auf dem Parkplatz beim Supermarkt."

Die Beamten drehten sich fast gleichzeitig auf dem Absatz um und rannten zum Streifenwagen. „Wenn wir schnell sind, kriegen wir den noch", sagte der eine, während der andere ein „danke und fahren Sie schnell nach Hause" in Cassandras Richtung rief.

Mit Blaulicht und quietschenden Reifen drehten sie um und fuhren Richtung Stadt.

Cassandra saß in ihrem Auto und verstand die Welt nicht mehr. Was war denn heute Nacht bloß los. Die Ereignisse überschlugen sich ja förmlich. Sie fror. Möglicherweise lag das daran, dass es Nacht und kalt war, vermutlich war es aber eher der Schock, der langsam wich.

Cassandra startete erneut den Motor und fuhr jetzt im gemäßigten Tempo nach Hause. Vor ihrer Wohnung vergewisserte sie sich, dass ihr auch wirklich niemand gefolgt war, stieg blitzschnell aus und rannte die Treppe hoch zu ihrer Wohnung. Dort verriegelte sie sofort die Tür und ließ sich aufs Sofa fallen. Was für ein verrückter Abend. Sie zog die Schuhe aus, legte sich längs aufs Sofa, kuschelte sich unter eine Decke und schlief augenblicklich ein. Der Körper brauchte jetzt Ruhe.

„Dir ist was passiert?" Mona war fassungslos als Cassandra vom Autodieb der letzten Nacht erzählte. Sie trafen sich meistens mittags beim Chinesen. Es war ein Schnellrestaurant, sodass 45 Minuten Mittagspause durchaus reichten. „Ich fass es nicht, da lässt man dich mal einmal alleine und dann so etwas…!" Übertrieben sorgenvoll schaute Mona ihre Freundin an. „Und die Polizei ist sofort wieder weg?"

„Ja, vermutlich kannten die den schon und waren ihm ohnehin auf der Spur. Ihn auf frischer Tat zu ertappen, wäre natürlich genial gewesen. Wann bietet sich schon solch eine Gelegenheit."

„Hm, ja das stimmt. Wahnsinn. Ich kaufe mir gleich eine Tageszeitung. Vielleicht steht da ja was drin."

Damit war die Mittagspause auch schon wieder zu Ende. Die beiden Frauen umarmten sich herzlich und gingen ihrer Wege. Kurz zuvor verabredeten sie sich bei Cassandra für den Abend zum Tee. Mona wollte schließlich alles bis ins Detail wissen.

Während des restlichen Tages waren beide Frauen sehr in ihrer Arbeit eingebunden, sodass kein Gedanke an den gestrigen Abend Verschwendung fand. Erst als sie sich in der kleinen Küche von Cassandras Wohnung wieder gegenüber saßen und an ihrem heißen Tee schlürften, kamen die Erinnerungen wieder.

„Wenn das so weitergeht, werden wir noch Fachfrauen für Rollenspiele", sagte Mona nicht ganz ohne Respekt und Stolz. „Oder für Intuition", ergänzte Cassandra.

„Was meinst du mit Intuition?" Mona wurde neugierig.

„Na, als ich den Typen wahrnahm, hätte ich mich auch einfach nur so ins Auto setzen können, so wie sonst, verstehst du. Wer verriegelt schon sein Auto von innen. Also ich mach das sonst eigentlich nicht. In diesem Fall jedoch trieb mich vielleicht auch die Angst dazu, das könnte sein. Aber da musste erst mal drauf kommen, in solch einem Moment nervenstark zu bleiben und das Richtige zu tun."

„Ja, das stimmt. Ich mach das eigentlich auch nie. Die Tür von innen verriegeln, meine ich. Mich hätte der Kerl wahrscheinlich aus dem Auto rausgezerrt, auf die Straße geschmissen und wäre dann mit meiner Karre weggefahren – wenn ich denn eine hätte." Sie ergänzte diesen Satz, weil Mona überhaupt kein Auto besaß und immer mit öffentlichen Verkehrsmitteln fuhr.

„Da hab ich früher immer gedacht, nur im Bus oder Straßenbahn passieren die schrecklichen Dinge, aber mit dem Auto ist es irgendwie auch nicht besser. Puh, ich hab echt Glück gehabt." Cassandra atmete tief durch.

„Ja, und aber nur, weil du auf deine Intuition gehört hast. Du bist deinem Gefühl gefolgt, hast dich relativ schnell ins sichere Auto gesetzt und alle erforderlichen Maßnahmen ergriffen, die nötig waren. Besser geht's eigentlich nicht. Du kannst schon stolz auf dich sein."

Mona war sichtlich ergriffen. Sie fand, das Cassandra wirklich alles richtig gemacht hatte. Und das mit den Polizeibeamten – echt witzig. In der Zeitung hatte bisher noch nichts gestanden, konnte aber noch kommen.

Die beiden Frauen schwiegen. Beide malten sich aus, was alles hätte passieren können, wenn Cassandra nicht so umsichtig gewesen wäre. Cassandra schüttelte sich. Sie war sich selbst dankbar. Hörte sich natürlich komisch an, aber es stimmte. Sie dankte sich selbst dafür, dass sie zum ersten Mal in ihrem Leben nicht auf den Kopf, sondern auf ihr Herz gehört hatte. Das Ergebnis konnte sich sehen lassen. Wenn der Kopf involviert war, dann gab es immer viele „wenn" und „aber" – und dann fehlte oft die Zeit für eine schnelle Entscheidung.

„Aber, sag mal Mona, was meinst du mit Fachfrauen für Rollenspiele?"

„Nun, wir waren ja gestern auch noch in der Mission `rettet Maja´ unterwegs." Mona grinste, als sie das sagte. „Vielleicht kannst du dich noch vage daran erinnern, obwohl du dich ja jetzt mehr auf die Verbrecherjagd konzentrierst."

„Ah, Spinnerin, du weißt, dass das Quatsch ist."

„Ja klar, weiß ich das. Ich wollte dich nur ein bisschen ärgern. Aber gestern am See haben wir doch echt eine Menge über Rollenspiele erfahren, findest du nicht?"

„Hm, stimmt." Cassandra pflichtete ihrer Freundin bei. „Die Frau war aber auch echt resolut – und irgendwie auch ziemlich zickig. Irgendwie verstehe ich sogar den Kerl, denn der ist vermutlich von einem ganz anderen Typ Frau ausgegangen."

„Du verstehst den Kerl?" Mona starrte ihre Freundin fassungslos an. „Spinnst du, dieser Idiot wollte sie doch vergewaltigen!"

„Ja, ja, stimmt natürlich. Das was er gemacht hat, war natürlich völliger `Bullshit´, dennoch... Irgendwie hat sie durch ihre Rolle als Vamp natürlich dieses Szenario mit heraufbeschworen. Verstehst du? Sie hat ihn wahrscheinlich im Netz so heiß gemacht, dass er sich sicher war, jetzt am Ziel seiner Wünsche zu sein, wenn du verstehst, was ich meine."

„Ich weiß, was du meinst, bin ja nicht von übergestern." Mona verzog dramatisch ihr Gesicht, so als wäre sie beleidigt.

„Übergestern? Was ist das denn für ein Wort? Wieder so eine Wortneuschöpfung von dir?"

„Hm, ja Mensch, aber glaube mir, ich kriege auch einiges mit."

„Ist schon gut, Monchichi."

Ein Kissen flog durch die Luft und traf Cassandra am Kopf. In dieser kleinen Küche eher ein Kunststück, jemanden zu treffen, ohne dabei etwas anderes zu zerdeppern.

„Nenn mich nie wieder Monchichi!" Wieder flog ein Kissen durch die Luft. Dieses Mal konnte Cassandra aber ausweichen. Daraufhin entwickelte sich eine Kissenschlacht, die sich sehen lassen konnte und sich in das Wohnzimmer verlagert hatte. Die Frauen lachten und ließen sich nach einigen Minuten erschöpft auf das Sofa fallen.

„Weißt du Mona, mir ist so viel klar geworden in letzter Zeit, dass ich das fast gar nicht alles verarbeiten kann. Die Sache mit Maja zum Beispiel. Du weißt schon, dieses Ding mit ihren virtuellen Rollenspielen. Irgendwie werde ich den Verdacht nicht los, als wird diese Art zu leben für uns alle, also für die gesamte Menschheit irgendwann möglich sein. Nicht mit Hilfe der Technik, sondern mit Hilfe der Telepathie. Kann sein, dass ich mich jetzt zu weit aus dem Fenster lehne, aber wenn ich zum Beispiel daran denke, wie sehr wir uns gestern von unserer Intuition haben lenken lassen, dann war das ja schon so ähnlich wie telepathisches Handeln, oder? Vielleicht war Maja so sehr gedanklich damit beschäftigt, dieser Frau zu helfen, dass uns ihre Gedanken wie Radiowellen berührt und dazu veranlasst haben, den gleichen Weg zu wählen. Ist ein bisschen kompliziert ausgedrückt, ich weiß, aber kannst du mir irgendwie folgen?"

„Ja, ich glaub schon, dass ich grob verstehe, was du meinst. Du vermutest, dass in dem Moment, in dem jemand stark und mit sehr vielen Emotionen verbunden an etwas denkt, diese Gedanken von jemand anderem empfangen werden können. Für mich hört sich das gar nicht so kompliziert an, sieht man schließlich in jedem Science Fiction."

„Ja stimmt, viele Dinge, die damals Visionen waren, sind heute normal. Die Technik ist dabei natürlich ein wunderbares Hilfsmittel. Stell dir mal vor, wie viele Vorteile uns das Internet bietet. Wie würdest du sonst mit dem Rest der Welt kommunizieren können. Das ist schon genial."

Mona und Cassandra schauten auf ihre Teetassen und hingen ihren Gedanken nach. Plötzlich hob Cassandra ihren Kopf, wobei die Worte förmlich aus ihrem Mund sprudelten: „das erklärt auch irgendwie die Intuition. Wenn ich mich zum Beispiel mit einem heftigen Problem herumschlage, also unbedingt eine Entscheidung benötige und womöglich auch noch eine Entscheidungshilfe, könnte es doch sein, dass jemand (ein Freund, eine Freundin oder sonst irgendein Bekannter) diese intensiven Gedankengänge empfängt und mich daraufhin anruft, ohne genau zu wissen warum, oder?"

„Hm stimmt." Mona wurde plötzlich ganz lebendig. Das könnte sogar mit fremden Menschen passieren. Du weißt doch noch, neulich, als ich auf der Bank saß und sich ein Mann zur mir setzte und sich mit mir über alte Verhaltensmuster und so unterhielt. Damals war ich sehr damit beschäftigt herauszufinden, warum du noch immer so traurig bist."

„Ja genau. Jetzt erinnere ich mich. Du hast mir davon erzählt."

Mona holte jetzt etwas weiter aus: „du hattest ja schon damals das Gefühl, dass dieses Treffen kein Zufall gewesen sein kann. Es schien als hätte ich dieses Zusammenkommen mit dem Unbekannten tatsächlich gewollt. Nur dass ich es nicht `bewusst´ gewollt habe, sondern vermutlich eher unbewusst. Und dieses unbewusste Wollen hat meine Ausstrahlung so verändert, dass dieser Mann sich entschied, sich ebenfalls auf diese Bank zu setzen, um mit mir in ein Gespräch zu kommen. Ich finde das alles sehr spannend, du nicht?"

„Oh doch, das kannst du mir glauben!" Cassandra bekam gerade eine Gänsehaut. Sie wusste schon lange, dass es etwas mehr zwischen Himmel und Erde geben musste als sie sich vorstellen konnten – oder besser gesagt, als man (das heißt, Eltern + Lehrer) ihnen weißmachen wollte.

Mona sinnierte schon wieder: „weißt du, was mir auch noch gerade auffällt?"

Cassandra schüttelte den Kopf. „Ich kann ja noch nicht Gedanken lesen", und grinste.

„Mir fällt gerade auf, dass ich immer dann diese besonderen Erlebnisse hatte, wenn es entweder dringend nötig war oder ich mich in einem völlig entspannten Zustand befand. Damals mit meinem Kollegen, als ich wirklich nicht mehr weiter wusste, kamst du mir zu Hilfe und hast mir neue Möglichkeiten aufgezeigt. Und dann, als ich auf der Bank saß, war ich ja völlig tiefenentspannt und genoss die Frühlingssonne, als dieser Typ wie aus dem Nichts auftauchte und mit mir eine psychologische Diskussion anfing. In beiden Fällen war ich für neue Impulse offen. Beim ersten Mal, weil ich so in Not war, beim zweiten Mal, weil ich so entspannt war. Verstehst du. In beiden Fällen hatte ich mich total geöffnet. Ich glaube, in dem Moment, in dem man aus Angst, Wut, Neid oder Selbstmitleid auf eine Lösung wartet, wird nichts geschehen, weil man, ohne es zu wissen, von innen die Tür verriegelt. Damit verwehrt man der Intuition den Eintritt. Schließlich haben wir Menschen ja immer noch das Recht, selbst zu entscheiden, wen oder was wir in unser Leben einladen."

„Sahnepudding, Mona, das war gerade eine echt wunderbare Erkenntnis, die du da hattest. Ich bin absolut deiner Meinung. Jetzt glaube ich aber, dass es besser ist ins Bett zu gehen. Möchtest du bei mir pennen oder willste noch nach Hause?"

„Puh, wenn du noch eine Zahnbürste für mich hast, würde ich gerne hier bleiben. Es ist gerade so kuschelig bei dir. Ich glaube, heute Nacht bleib ich hier. Dein Bett ist ja breit genug."

Sie grinste. Cassandra wusste genau, worauf Mona anspielte. Schließlich hatte Cassandra ja nun schon oft genug erwähnt, dass jetzt der Mann fürs Leben kommen könnte, weil sie sich vor einigen Monaten ein extra breites Bett gekauft hatte. Tja, der Mann war noch nicht da. Also begnügte sie sich damit, dass ihre beste Freundin bei ihr übernachtete. Das half auch gegen Einsamkeit.

Damit gingen beide ins Bad, bereiteten sich für die Nacht vor und schliefen sofort ein.

Kapitel 6: Bleib positiv, ohne vor der Welt davon zu laufen

Wochen später saßen wieder alle fünf Freunde in ihrem Lieblings-Café. Claus redete sich gerade so richtig in Rage. Es regte ihn auf, dass überall auf der Welt Kriege herrschten, er regte sich darüber auf, dass die Menschheit wegsah, er regte sich darüber auf, dass er selbst nichts dagegen unternehmen konnte. Er wirkte richtig hilflos.

„Ja, und jetzt diese Sache mit dem Flugzeugabsturz – bisher dachte ja jeder, dass das einer deutschen Maschine nicht passieren könnte. Versteht ihr, Germanwings-Airbus, das ist für Viele absolut unmöglich. Wo wir Deutschen doch einen solch hohen Sicherheitsstandard haben. Und trotzdem ist es passiert. Völlig unfassbar. Stell dir mal vor, du wartest am Flughafen auf dein Kind und plötzlich wird die Anzeige im Display gelöscht. Sie bleibt leer – bis die schreckliche Nachricht bestätigt wird. Dieses Leid ist für mich unvorstellbar."

Claus wirkte sichtlich bestürzt. Enya wunderte sich – so viel Mitgefühl hatte sie ihrem Freund gar nicht zugetraut.

Schluchzen. Alle erschraken aus ihren Gedanken und schauten verwundert auf Maja, der die Tränen wie Bäche über die Wangen rannen.

„Maja, was ist denn mit dir los? Nimmt dich das Ganz so sehr mit?" Mona empfand auch sehr viel Mitgefühl mit all den Unfallopfer-Angehörigen. Aber so wie Maja jetzt heulte, das fühlte sich bei ihr anders an. Da war noch irgendetwas anderes als „normales" Mitgefühl.

„Sorry Leute, aber ich kann es einfach nicht aufhalten. Es kommt so geballt über mich, das ist einfach nicht mehr zu bremsen."

„Hey Maja, du musst dich nicht schämen und auch nicht entschuldigen. Tränen sind etwas Gesundes. Es bedeutet, dass ein Gefühl fließen darf. Anscheinend lässt du gerade etwas Gewaltiges los. Magst du uns erzählen, worum es sich dabei handelt?"

Maja schnaufte lautstark in ihr Taschentuch. Danach bedeckte sie ihre Augen mit den Händen und schluchzte herzerweichend.

Der Rest der Gruppe schaute betroffen von einem zum anderen. Ratlosigkeit. Niemand konnte den Trauerausbruch zuordnen, geschweige denn erklären. Das Beste war, sie warteten ab, bis sich Maja beruhigt hatte.

Ohne ein Wort zu verlieren, legte Mona ihren Arm um Majas Schulter. Eine Geste der Verbundenheit, Maja ließ es zu.

Nach gefühlten Stunden – in Wirklichkeit fünf Minuten – hob Maja ihren Kopf wieder und schaute ihre Freunde mit völlig verschmiertem Make-Up an. Sie atmete tief durch und beruhigte sich langsam.

Mona ergriff als erste das Wort: „magst du darüber reden?"

Etwas holprig, dann auch ein bisschen wütend und mit einer Prise Vorwurf berichtete Maja von ihrem eigenen Erlebnis: „ihr könnt es nicht wissen, aber ich bin kein Einzelkind, sondern hatte noch eine fast zwei Jahre ältere Schwester. Wir liebten uns sehr und wir ärgerten uns. Halt so, wie es Geschwister tun. Dennoch waren wir unzertrennlich, fast so wie Zwillinge. Unsere Mutter wählte für uns auch oftmals die gleiche Kleidung. Versteht ihr. Wir waren uns so nahe. Und dann – und dann, dann kam sie plötzlich nicht mehr wieder… Sie fuhr mit dem Fahrrad zum nächsten Bäcker, um ein Brot zu holen. Aber sie kam nicht wieder. Nie wieder. Sie wurde von einem Auto erfasst, das mit überhöhter Geschwindigkeit unterwegs war…

Ich habe dann meine Schwester nur noch einmal in der Leichenhalle gesehen – wisst ihr eigentlich, wie schwer das für ein kleines 8-jähriges Mädchen ist? Danach war alles anders. Meine Mutter trauerte und weinte den ganzen Tag. Ich versuchte sie zu trösten, denn sie hatte ja noch mich. Ich wollte für sie stark sein. Ich weinte nicht, ich wollte, dass sie mich sieht und sich an mir festhält – an einem Kind mit acht Jahren. Natürlich hat sie mich wahrgenommen und versucht, mir alles zu erklären. Doch ich bekam keinen Raum für Trauer. Diesbezüglich gab es keine Hilfe. Wir mussten selbst sehen, wie wir damit fertig wurden. Versteht ihr, in den Medien wird dieser Flugzeugabsturz jeden Tag erwähnt. Jeder Reporter sagt, wie schrecklich das doch für die Angehörigen sei. Ja, das stimmt auch. Doch wenn nicht so eine renommierte Fluggesellschaft dahinter steckt, wenn nur ein einzelnes Kind verunglückt, berichtet kein Mensch über diesen Unfall. Wir haben absolut keine Hilfen bekommen. Selbst der Autofahrer wurde frei gesprochen. Das ist alles schon lange her, doch jetzt, wo die Medien voll sind von dieser schrecklichen Nachricht, erinnert mich das heftig an meine Kindheit und an die Trauer, die ich nie leben durfte."

Wieder verbarg Maja ihr Gesicht in ihren Händen. Tränen tropften auf den Tisch. Die Freunde waren geschockt. Das alles wussten sie gar nicht von ihrer Freundin. Maja war bisher immer freundlich aber auch immer ein wenig verschlossen gewesen. Niemand kannte Details aus ihrem bisherigen Leben. Dieses hier war das erste Mal, dass sie sich ihnen öffnete.

„Oh Maja", Cassandra fand als erste tröstende Worte, „das wussten wir alles nicht von dir. Aber du hast Recht. Heute bekommen Geschwisterkinder psychologische Hilfe, wenn ein Kind stirbt. Nicht nur bei Unfallopfern, sondern auch, wenn ein Kind aufgrund einer Krankheit stirbt. Mittlerweile hat man nämlich herausgefunden, dass Geschwister sehr viel mehr mitbekommen als angenommen wurde und auch sehr lange benötigen, um über diesen Verlust hinweg zu kommen. Schade, dass du das damals solch eine Hilfe nicht erhalten hast. Dennoch freue ich mich darüber, dass du uns davon erzählst und jetzt deiner Trauer freien Lauf lässt. Das ist nämlich enorm wichtig, verstehst du. Mit jeder geweinten Träne heilen deine Wunden, Stück für Stück. Irgendwann empfindest du dann nur noch Dankbarkeit für die Zeit, die du mit deiner Schwester, zumindest für einen kleinen Zeitraum, hattest."

Maja nickte. Wieder schnaufte sie in ihr Taschentuch. Der Tränenfluss verebbte ein wenig. Nur ab und zu verirrte sich noch eine kleine Träne auf der Wange.

„Puh, was hab ich da angezettelt." Claus war völlig fertig. Das hatte er mit seiner Äußerung nicht erreichen wollen.

Maja legte ihre Hand auf seine. „Claus, es ist alles gut. Ich weiß doch, dass du mich nicht verletzen wolltest. Hast du auch nicht. Das sind alte Verletzungen, die jetzt so nach und nach hoch kommen. Als Schulkind, und später auch im Studium, habe ich das immer wieder mal erlebt. Ich musste plötzlich ohne Grund weinen. Die Tränen flossen aus heiterem Himmel über meine Wangen und ich wusste nicht warum. Irgendwann las ich dann mal im Internet, dass sich unterdrückte Trauer so äußern kann. Das half mir zwar nicht, aber ich wusste zumindest Bescheid, warum es geschah. Ich dachte schon, ich wäre depressiv."

„Und Cass hat Recht, mit jeder geweinten Träne findet in meiner Seele Heilung statt. Ich zumindest glaube daran."

Wieder atmete Maja mehrere Male tief ein und aus und die Freunde sahen, wie mit jedem Atemzug langsam Fröhlichkeit in ihre Freundin floss. Sie schien irgendwie erleichtert zu sein.

„Geht's dir denn jetzt besser?" Mona war immer noch ein wenig verwirrt.

„Ja, es geht mir jetzt besser. Weinen hilft da wirklich. Früher habe ich das immer unterdrückt. Das geht jetzt aus irgendeinem Grund nicht mehr. Vermutlich hat mein Körper die Nase voll und möchte, dass ich endlich mit der Trauerarbeit beginne und ihn von dem Schmerz des Verlustes erlöse." Sie konnte schon wieder lächeln als sie das sagte.

Großes Aufatmen bei den Freunden. Alle hatten einen Riesenschreck bekommen.

„Versteht ihr jetzt, warum ich keine Nachrichten sehen kann. Warum ich das Programm wechsele, wenn es um Mord und Totschlag geht?"

„Ha, das mach ich auch, denn das zieht mich echt runter." Mona gestand, dass auch sie sich die täglichen Schrecklichkeiten nicht mehr antat und deswegen auf die Nachrichten verzichtete.

„Ja aber weggucken hilft da auch wenig, oder?" Claus wunderte sich ein bisschen über die Verweigerungsstrategie seiner Freundinnen. „Ihr wisst schon, dass die „Vogel-Strauß-Taktik" nicht wirklich hilfreich ist, richtig?"

„Ja, wissen wir. Aber siehst du Claus, man wird doch schon morgens vorm Aufstehen mit dem Radiowecker von diesen Schreckensmeldungen zugemüllt. Das erzeugt bei mir immer eine Schwere und eine Traurigkeit, die sich dann über den ganzen Tag hinzieht. Wenn ich das dann jeden Tag mache, will ich wahrscheinlich nicht mehr leben." Ein wenig theatralisch streckte Mona die Zunge heraus und deutete an, wie sie sich mit einem Pseudostrick erhängte.

„Mona, hör auf damit!" Enya war völlig fassungslos, wie Mona sich über all die Sachen auch noch lustig machen konnte.

„Ich gebe zu, ich versuche auch, den Nachrichten auszuweichen. Wenn ich Informationen will, gehe ich ins Internet. Da ist die Dramatik nicht ganz so groß. Denn eines ist doch klar, die Sender – vor allem die Privaten – erreichen höhere Einschaltquoten, je schrecklicher die Szenen sind, über die sie berichten. Alles nur Geldmacherei. Und der

Zuschauer unterstützt das auch noch, indem er sich das alles ansieht. Die Verrohung der Menschheit ist wirklich nicht mehr aufzuhalten." Enya seufzte tief. Dieses Thema schien ihr tatsächlich nahe zu gehen.

„Das mag ja alles sein, aber es hilft doch auch nichts, den Kopf in den Sand zu stecken. Habt ihr nicht das Gefühl, vor der Welt davon zu laufen? So nach dem Motto: ich sehe nix, also ist da auch nix?" Claus kannte das noch aus der Kindheit. Hatte damals schon nicht funktioniert.

Cassandra fand, dass Claus ein wenig übertrieb. „Also, ganz so isses ja auch nicht. Bloß weil wir uns nicht tagtäglich den dramatischen Meldungen aussetzen, heißt das noch lange nicht, dass wir kein Mitgefühl hätten, oder so. Schließlich kriegen wir schon mit, was in der Welt passiert. Wir wollen nur nicht Tag und Nacht damit konfrontiert werden. Außerdem hat jedes Drama auch irgendwo eine positive Seite."

„Oh, jetzt geht das wieder los. Du kommst mir manchmal vor wie eine Weichgespülte." Claus fuhr sich durchs Haar. Wenn er etwas nicht leiden konnte, dann Menschen, die immer nur positiv waren und das Gute in allem sahen. Für ihn waren das Wahrheitsverweigerer oder wie er es so schön ausdrückte „Weichgespülte", Menschen, die immer nur lächelten, die die Hälfte des Tages meditierten und von einer wunderbaren Welt predigten. Aus seiner Sicht echte Schwindler vor dem Herrn. Schließlich sah man ja jeden Tag die Fakten. Da konnte man noch so viel Hosianna rufen, wie man wollte. Es würde sich nichts dadurch ändern.

„Ach Claus, ich weiß, was du meinst und ich kann nur von mir sprechen, wenn ich sage, dass mir schon bewusst ist, was alles Schreckliches in der Welt passiert. Schließlich war ich ja selbst letztes Jahr Opfer einer Straftat. Genau das ist es aber: wenn ich mir ständig anschaue, was Menschen und Tiere aushalten müssen, dann macht mich das müde, depressiv und sehr, sehr traurig. Glaubst du, irgendjemandem ist damit geholfen? Damit, wenn es mir nicht gut geht und ich nur noch Trauerflor trage und mir täglich Asche auf mein Haupt schütte? Nein, das hilft Niemandem. Im Gegenteil, ich würde mit meiner Art und mit meinem Verhalten auch noch dem Rest der Menschheit derbe auf die Nerven gehen. Verstehe mich bitte richtig, ich stecke nicht den Kopf in den Sand – ich sorge nur für mich. Ich finde, das ist ein großer Unterschied."

Zustimmendes Nicken der Gruppe. Irgendwie sahen das alle so, wie Cassandra. Selbst Claus musste zugeben, dass ihn die ständigen Horrorszenarien der Medien aggressiv und übel gelaunt machten.

Niemand der fünf Freunde hatte eine Lösung dafür, was man tun konnte, um dem Schreckgespenst Krieg, Terror, Mord und Totschlag zu begegnen. Vermutlich hatte da jeder sein eigenes Rezept, das wahrscheinlich auch nur für ihn selbst funktionierte.

„Wisst ihr," Enya ergriff das Wort, „manchmal finde ich die Meldungen und vor allem die Bilder in den Medien so schrecklich, dass mir körperlich schlecht wird. Dabei sitze ich gemütlich zu Hause mit einer Tasse Tee. Und dennoch. Es trifft mich wie ein Schlag zwischen die Augen. Ich kann nichts anderes dagegen tun, als mich abzulenken. Früher dachte ich, dass es verwerflich wäre, sich mit voller Absicht anderen und vor allem schönen Dingen zuzuwenden, während auf der anderen Seite oder sonst wo Menschen verhungern, verstümmelt werden oder sterben. Ich dachte bei mir: das ist feige, das kannst du nicht bringen. Trotzdem spürte ich, wie mein ganzer Körper litt, er litt wie die anderen Menschen in den Nachrichten die Qualen und Ängste. Ich stellte mir vor, wie entspannt es gewesen sein musste, als es noch keinen Fernseher, kein Internet gab. Sicher wurden auch zu der Zeit Menschen misshandelt, doch man bekam es nicht hautnah mit. Versteht mich bitte richtig, ich will diese schrecklichen Taten nicht wegwischen, schönreden oder negieren. Ich möchte euch nur den Unterschied erklären, wenn man mitleidet oder mitfühlt. Da ist nämlich ein enormer Unterschied. Ich für meinen Teil litt mit. Tag für Tag, später sogar Nacht für Nacht, denn die schrecklichen Bilder erschienen sogar in meinen Träumen. Irgendwann entschloss ich mich, diesem Wahnsinn ein Ende zu setzen. Ich wollte nicht mehr leiden, denn ich konnte, zumindest in diesem Moment, nichts dagegen tun. Wie du Cass, entschied ich mich dafür, dass es niemandem half, wenn ich litt. Niemand würde dadurch weniger Schmerz erleiden, wenn es mir schlechtging. Vor allem würde es ja auch niemand mitbekommen, außer ich selbst oder vielleicht nur meine engsten Freunde. Ich glaube einfach, dass es wesentlich mehr bringt, wenn man es schafft, sich selbst in positiver Stimmung zu halten und diese Stimmung unter die Menschen trägt. Das erzeugt dann bei den anderen ebenfalls positive Stimmung und Schwupps, geht eine Welle guter Laune durch meinen Bewegungsradius. Versteht ihr das Prinzip? Schlechte Laune erzeugt schlechte Laune, gute Laune erzeugt gute Laune. Lächelt einfach mal jemanden auf der Straße an, ihr werdet Erstaunliches erleben. Die meisten lächeln zurück, manche bleiben stehen, weil sie glauben, einen zu kennen und wieder andere sind so freudig überrascht, dass sie sogar ein Gespräch beginnen. Gut, die wenigen, die absolut auf nichts reagieren, die so sehr mit ihren eigenen Gedanken beschäftigt sind, dass sie euch gar nicht wahrnehmen, also auf diejenigen könnt ihr getrost verzichten. Der Rest wird jedoch gut gelaunt nach Hause marschieren und die Familie ebenfalls positiv begrüßen. Versteht ihr jetzt, was ich mit Welle meine?"

Die Freunde schauten sich ein wenig überrascht, und auch ein wenig skeptisch an. Vor allem Claus, der ewige Skeptiker, wollte nicht so richtig daran glauben.

„Du meinst also", begann er, „dass ich es mit positiver Einstellung schaffen könnte, die Welt zu ändern? Das glaube ich eher nicht. Dieses „Friede-Freude-Eierkuchen-Geplärre" funktioniert nämlich nicht. Wann wollt ihr das endlich kapieren?"

Enya erschrak, denn Claus fuhr mächtig hoch. Sie fühlte sich fast persönlich angegriffen. „Claus, das meine ich nicht. Ich weiß, dass ich durch meine Freundlichkeit keine Kriege verhindern kann. Zumindest nicht die im Nahen Osten und so... Aber ich kann erreichen, dass Menschen für einen kurzen Moment aus ihrem Missmut herausgeholt werden. Wie geht es dir, wenn dir eine hübsche und freundliche Verkäuferin ehrlich einen schönen Tag wünscht. Ich meine nicht dieses: schönen Tag noch, sondern eine Verkäuferin, die dich anlächelt und meinetwegen sagt: ich hoffe, Sie haben noch einen angenehmen Abend. Würde das nicht deine miese Laune wegpusten?"

„Hm, jetzt wo du es sagst – das ist mir tatsächlich schon passiert. Erst neulich in der Bäckerei. Dort kaufe ich ja regelmäßig mein Brot und werde dort akkurat und ordentlich bedient. Letzte Woche allerdings, stand da eine neue Verkäuferin hinter dem Tresen. Die strahlte mich an und schien tatsächlich daran interessiert zu sein, herauszukriegen, welches Brot mir am besten schmecken würde. Ich durfte sogar einige Sorten probieren. Dabei haben wir viel gelacht und tatsächlich, nachdem ich zahlte und sie mir einen „schmackhaften" Abend wünschte, ging ich wirklich wesentlich besser gelaunt nach Hause."

„Ah, ich weiß wieder, mein Schatz, das war doch letzten Mittwoch. Ich wunderte mich schon, warum du pfeifend nach Hause kommst. Wir haben an dem Abend viel über freundliche Verkäufer diskutiert, und danach..." Pause. Enya wurde rot. Alle lachten und alle wussten, was sie meinte.

Maja unterbrach die peinliche Situation, indem sie sagte: „das ist wahrscheinlich das, was du meintest Enya." Gelächter. „Oh ihr Iddies, nicht das Letzte, sondern die Tatsache, dass es einen positiven Effekt auf mehr als eine Person hat, wenn man freundlich ist. Dieser Mensch trifft wieder auf Jemanden und steckt ihn mit Freundlichkeit an, wobei dieser Mensch ebenfalls auf Jemanden trifft usw. Sicher, die Freundlichkeit flacht mit jeder Person ein wenig ab, vermutlich behält jeder ein Stückchen für sich, aber insgesamt ist das wie beim Schneeballsystem – multiplizierte gute Laune."

„Und das hat nix mit Kopp innen Sand zu tun." Cassandra wollte Claus davon überzeugen, dass Selbstfürsorge nicht das gleiche ist wie Ignoranz. „Ich für meinen Teil, nehme die Ereignisse des Tages zur Kenntnis, teile tiefes Mitgefühl mit denen, die es leider erwischt hat und entscheide mich dafür, trotzdem positiv durchs Leben zu gehen. Meistens funktioniert das sogar. Es sei denn, es passiert einem Selbst." Etwas verschämt senkte sie ihren Blick. Alle wussten, was sie meinte. Sie spielte auf ihre Fast-Vergewaltigung letztes Jahr an.

„So ähnlich mache ich das auch." Maja nickte bestätigend zu ihrer Aussage. Alle anderen blickten nachdenklich auf den Tisch. Sie hatten vermutlich noch keine Entscheidung getroffen, wie sie mit dem Elend dieser Welt umgehen wollten.

Claus und Enya verabschiedeten sich. Sie hatten noch etwas vor. Alle lachten wieder. Es hatte keinen Zweck, zu erklären was, sie würden es ohnehin nicht glauben.

„Wisst ihr, das ist auch so ein Grund, warum ich diese Rollenspiele spiele. Ich kann mir einfach meine eigene Welt aussuchen oder erschaffen. Ganz so, wie ich es möchte. Sicherlich gibt es genug Nerds, die große Schlachten kämpfen und ihr Ego präsentieren wollen. Die haben dann aber eine andere Welt. Versteht ihr. Jeder lebt in seiner eigenen kleinen Welt und findet komischerweise auch irgendjemanden, der mit in dieser Welt leben will." Maja versuchte erneut, ihre beiden Freundinnen von dem Sinn ihrer Freizeittätigkeit zu überzeugen.

„Eigentlich eine geniale Idee. Schade, dass es nur ein Spiel ist. Was wäre, wenn es in Echtheit, also in Wirklichkeit, also tatsächlich so wäre." Mona fand irgendwie keine Worte, musste aber zugeben, dass die Idee von einer eigenen Welt eine klasse Idee war.

„Wie schön wäre es, wenn man sagen könnte, ok, du willst Krieg, gut, dann geh in die Welt Soundso und mach was du willst, aber lass uns in unserer Welt in Ruhe. Versteht ihr, niemand, der sich nicht an diesem Krieg beteiligen möchte, wäre involviert. In der heutigen echten Welt ist es doch so, dass viele, wahnsinnig viele Menschen und Tiere leiden müssen, nur weil einzelne Spinner oder besser Egomanen, Krieg spielen wollen. Echt Scheiße." Mona brachte es mal wieder auf den Punkt. Aber wo sie Recht hatte, da hatte sie Recht. Es stimmte ja, so viele unschuldige Menschen litten unter dieser Kriegs- und Armutssituation und niemand konnte es wirklich ändern.

Die drei Freundinnen seufzten tief, zahlten und verließen gemeinsam das Lokal. Danach umarmten sie sich herzlich und fuhren in ihre Wohnungen.

Cassandra hätte es den anderen wahrscheinlich nicht richtig erklären können, doch sie hatte für sich eine Lösung gefunden, wie sie mit Unheil, Leid, unvorhergesehenen Ereignissen und Ähnlichem umgehen konnte – sie suchte intensiv nach dem Sinn dahinter. Immer wieder, solange, bis sie erkannte, warum diese Situation in ihr Leben getreten war. Danach entschied sie dann, wie sie eventuelle Fehler bereinigen oder welche Gespräche sie führen musste und erkannte, dass mit jeder unangenehmen Situation ein Stück Wahrheit in ihr Leben trat. Sie konnte das nicht erklären, irgendwie gab es nämlich keine Worte dafür, es war nur so ein Gefühl. Wenn sie zum Beispiel durch einen vorherfahrenden Autofahrer genötigt wurde, langsam zu fahren, entspannte sie sich neuerdings und dachte, vielleicht stehen die ja irgendwo zu blitzen. Da ist es besser nicht so schnell zu sein. Manchmal stimmte es sogar. Mit dieser Lebenseinstellung hatte sie auch ihren Überfall einigermaßen verarbeiten können. Denn durch dieses Erlebnis schaute sie sich die Männer erst einmal sehr genau an. Dabei achtete sie auf jedes noch so kleine Detail, es könnte schließlich wichtig sein. Damals hätte ihr eigentlich auffallen müssen, dass ihr Begleiter nichts von sich selbst erzählte und damit völlig anonym blieb. Welcher Mann tat dieses, wenn er wirklich an einer Frau interessiert war. Niemand. Das erkannte sie immer wieder. Deswegen schwor sie sich, in Zukunft mehr auf die Kleinigkeiten zu achten und sich sehr viel Zeit für eine Beziehung zu nehmen. Auf keinen Fall wollte sie jetzt einen Männerhass entwickeln, denn das hatte der Rest der Männerwelt echt nicht verdient. Sie mochte Männer, vor allem ihre Art zu denken und ihre direkte Herangehensweisen. Davon konnte sie als Frau noch eine Menge lernen. Mal sehen, vielleicht klappte es ja doch noch mit dem Traummann. Man wusste ja nie. Mit diesem Gedanken schlief sie ein.

Heftiges Klopfen und Klingeln an der Wohnungstür weckte sie. Sie schaute auf ihren Wecker: 4.50 Uhr. Was um alles in der Welt sollte das denn. Zuerst dachte sie, sie würde noch träumen, aber nein, dieses Klingeln und Klopfen war real und wurde immer heftiger. Verschlafen schlüpfte sie in ihren Morgenmantel und in ihre Hausschuhe und schlurfte zur Tür. Sie sah durchs Guckloch und erkannte Iris, ihre Nachbarin, die aufgeregt von einem Fuß auf den anderen federte und sich immer wieder angstvoll umschaute.

Cassandra öffnete die Tür – sofort schlüpfte die Nachbarin herein. „Oh, ich danke dir. Es ist grauenhaft, ich werde wahnsinnig. Ich halt´ s nicht mehr aus." Sie schluchzte und drückte beide Hände auf ihre Ohren.

„Komm rein und setz dich erst mal. Magst du einen Tee?" Iris nickte. Cassandra blickte in ein angstverzerrtes Gesicht mit leicht panischen Zügen.

Nachdem Cassandra für beide den Tee frisch aufgebrüht hatte, setzte sie sich zu ihr und versuchte vorsichtig herauszubekommen, was ihre Nachbarin so erschreckte.

„Was ist denn passiert? Wovor hast du denn so schreckliche Angst?"

Iris schluchzte leise vor sich hin und umarmte sich selbst mit beiden Armen, so, als würde sie sich selbst schützen müssen vor irgendetwas oder irgendjemanden. Sie saß da wie ein kleines Kind, das Angst vor der Dunkelheit hat.

„Ich weiß einfach nicht mehr, was ich tun soll. Ich bin mit meinen Nerven am Ende." Langsam erhob sie ihren Kopf und schaute Cassandra unter Tränen an. „Letztes Jahr hatte ich einen Freund, Achim. Eigentlich ein netter Kerl, dachte ich, zumindest am Anfang. Doch dann entwickelte er seltsame Züge. Er rief mich mehrmals täglich an, auch auf der Arbeit, sodass mich mein Chef schon einmal abmahnte, denn Privatgespräche sind bei der Arbeit nicht erlaubt. Die Anrufe kamen jeden Abend und jeden Morgen zum Frühstück. Zuerst fand ich es schön, wie sich jemand um mich kümmert. Denn genau dieses Gefühl hatte ich ja all die Jahre der Einsamkeit vermisst. Doch die Anrufe häuften sich. Er fing an, mich auch nachts anzurufen, weil er angeblich nicht schlafen konnte – manchmal sogar um 2.00 Uhr morgens. Du kannst dir vorstellen, dass mir das langsam nicht mehr so sehr gefiel, denn irgendwann braucht ja jeder Mensch seinen Schlaf. Wenn wir uns dann am Wochenende sahen, bestimmte er den kompletten Tagesablauf. Alles hatte nach seinem Zeitplan zu funktionieren. Auch das war am Anfang angenehm, sich einfach mal fallenzulassen und mit der Welle zu schwimmen. Doch irgendwann wurde mir klar, dass Achim ein Kontrollfreak ist. Er misstraute mir, wenn ich nicht bei ihm war. Er bildete sich ein, über mein Leben bestimmen zu können und wollte alle Details über meine Freunde, über meine Familie und natürlich auch über meine Arbeit haben. Wie gesagt, anfangs verbuchte ich das unter der Überschrift „großes Interesse". Doch dann wurde mir klar, dass ich ihm mein ganzes Leben offengelegt hatte und ihm somit die Möglichkeit gab, mich zu manipulieren. Er rief sogar meine Schwester an, um ihr abzusagen, weil es mir angeblich nicht gut ging. Dabei hatte ich mich so sehr auf ein Treffen mit ihr gefreut. Verstehst du, er wollte mich für sich allein. Niemand anderes durfte mir noch nahestehen. Krank. Ich finde das krank.

Irgendwann erkannte ich die kranke Motivation hinter seinem „Interesse" und machte Schluss. Das war der härteste Tag in meinem Leben, denn es bedeutete ja auch wieder Einsamkeit. Dennoch, lieber alleine in der Wohnung, als jeden Tag gegängelt zu werden. Wenn ich ehrlich bin, machte Achim mir auch ein wenig Angst. Wie erwartet, akzeptierte er das Schlussmachen nicht. Er ignorierte es einfach und rief mich weiterhin an. Immer und immer wieder sagte ich ihm, dass er damit aufhören sollte, weil wir nicht mehr zusammen wären. Aber wie gesagt, diesen

Teil überhörte er einfach. Das geht jetzt schon seit Monaten so. Jede Nacht ruft er an, steht vor meinem Fenster und schaut zu mir herauf. Ich sehe seinen Schatten in der Häuserecke und bekomme eine Gänsehaut nach der anderen. Ich kann nicht mehr essen, nicht mehr konzentriert arbeiten und mache Fehler. Wo soll das nur enden?"

Verzweifelte Augen schauten Cassandra an. Cassandra sah die Angst, sie sah die Not, sie sah die ausweglose Situation in der Iris steckte.

„Oh mein Gott, an wen bist du denn da geraten! Das hört sich aber heftig nach Stalking an. Ich verstehe deine Angst total. Iris, da hilft tatsächlich nur eines, du musst weg. Du musst für einen bestimmten Zeitraum in ein Frauenhaus ziehen, damit Achim keinen Zugriff mehr hat. Diese Adresse bekommt er nicht heraus. Dort kannst du erst einmal wieder zur Ruhe kommen und Kraft tanken. Dort besprichst du gemeinsam mit der Sozialarbeiterin wie du es schaffst, deinen Arbeitsplatz zu wechseln, denn das wird leider nötig sein – und, wenn du dich darauf einlassen kannst, auch noch deine Optik. Das hilft meistens. Färbe deine Haare, trage eine leichte Brille und kleide dich anders. Kauf dir ein anderes Auto und verwisch jede Spur, die auf dich deuten könnte. Erst dann wird er aufgeben.

Iris schaute Cassandra mit riesengroßen Augen an und umarmte sich selbst wieder. Sie liebte ihre Wohnung und ihre Arbeit und sie wollte nicht wegen irgendeines Spinners alles aufgeben.

„Du meinst, ich soll alles aufgeben! Alles, was mir etwas bedeutet. Alles!!" Sie schrie es fast.

Cassandra nickte stumm. „Das kann ich nicht. Das kann ich nicht." Immer wieder wiederholte Iris diesen Satz. „Nur weil dieses Arschloch mich verfolgt, soll ich alles aufgeben. Nur wegen solch eines beschissenen Penners. Das kann ich nicht."

„Ach Iris, ich verstehe dich so gut. Dennoch sehe ich sonst keine andere Möglichkeit. Ich weiß das aus Erfahrung, als eine andere Frau versuchte, ihren Stalker loszuwerden. Polizei und Gerichtsverfahren greifen nicht, weil er nichts Ungesetzliches tut. Deswegen liegt die Verantwortung für dein Leben alleine bei dir: entweder du trennst dich von allem, was dir zu diesem Zeitpunkt zwar sehr viel bedeutet aber durchaus zu ersetzen ist – oder du lebst weiter in Angst und Schrecken. Deine Wahl."

Hilflose Blicke. Cassandra war sich darüber im Klaren, dass Iris jetzt noch keine wirkliche Entscheidung treffen konnte, denn dafür wären die Schritte, die sie tun müsste einfach viel zu groß.

„Weißt du was, du gehst jetzt erst einmal zurück in deine Wohnung. Dann ziehst du dein Telefon ab und versuchst eine ganze Nacht lang durchzuschlafen. Bei dir einbrechen wird er nicht – noch nicht. Später vielleicht schon. Im Übrigen solltest du, solange du noch keine Entscheidung getroffen hast, dir einen Anrufbeantworter zulegen, den irgendein Mann bespricht – ein Kollege vielleicht oder sonst wer. Das wird Achim zunächst abschrecken. Kann natürlich sein, dass er dadurch eifersüchtig wird und dich noch mehr bedrängt. Du solltest immer auf der Hut sein. Aber bitte, Iris, reagiere nicht mehr nur auf das, was Achim tut, sondern unternehme selbst etwas. Sei ihm einen Schritt voraus. Das gibt dir wieder Lebensmut und lässt dich die richtigen Entscheidungen treffen, glaub mir. Paul McCartney sagte irgendwann mal: In diesem Leben ist jeder mutig, der nicht aufgibt. Verstehst du?"

Iris nickte. Für einen kurzen Moment blitzte die Möglichkeit auf, endlich aus diesem Teufelskreis herauszukommen. Es gab ihr neuen Antrieb. Sie schluchzte, hatte immer noch Angst. Dennoch entwickelte sich fern an ihrem Horizont so etwas wie ein Hoffnungsschimmer. Sie wusste, dass sie agieren musste, bevor Schlimmeres passierte. bedankte sich mehrmals bei Cassandra und schlich langsam in ihre eigene Wohnung.

Cassandra lag noch lange wach. Diese Sache mit ihrer Nachbarin ging ihr einfach nicht aus dem Kopf. Was hatte das Ganze zu bedeuten. Was könnte der Sinn sein, der dahinter steckte oder anders ausgedrückt, die Erfahrung sein, die Iris daraus ziehen könnte. Sie wusste es nicht – sie konnte es ohnehin nur erahnen. Wissen würde es nur Iris selbst. Bei diesem Gedanken schlief Cassandra endlich wieder ein.

Einige Tage später klopfte es abends wieder heftig an ihrer Tür. Iris. Cassandra seufzte. So hatte sie sich Nachbarschaft nicht vorgestellt. Schließlich brauchte sie auch ihre Ruhe abends – und vor allem – ihren Freiraum.

Das Klopfen wurde heftiger. Ihre Nachbarin zappelte vor der Tür – aber dieses Zappeln war nicht depressiv, wie Tage zuvor, sondern eher aufgeregt.

Jetzt doch ein wenig neugierig geworden, öffnete Cassandra die Tür.

Iris stürzte herein und umarmte Cassandra herzlich. Baff ließ es Cassandra geschehen. Sie fühlte sich vollkommen überfordert, denn solche Umarmungen hatte es in der Nachbarschaft noch nie gegeben. Man grüßte sich nett, sagte sich die „Tageszeit" und gut war es.

„Iris, was ist denn los? Du bist ja komplett aus dem Häuschen? Was ist denn passiert?"

„Danke, danke, danke!" Iris schrie es fast. Völlig außer sich tanzte sie in Cassandras Wohnung.

„Häh? Ich versteh nix. Magst du mir deinen Übermut bitte mal erklären? Du bist ja komplett aufgedreht. Was ist denn los?"

„Oh, Cassandra ich danke dir. Kannst du dich noch an unser Gespräch erinnern vor einigen Tagen?" Cassandra konnte es gut und nickte deshalb heftig. Auch ein bisschen deshalb, damit nicht die ganze Leier wieder von vorne losging.

„Weißt du Cass, ich habe mir deine Worte wirklich zu Herzen genommen. Die ganze Nacht lag ich damals wach und kämpfte förmlich mit mir und der Entscheidung, was das Richtige für mich sein könnte. Heraus kam, dass ich mich als erstes um einen neuen Arbeitsplatz kümmern musste, denn beim alten würde mich Achim ganz sicher abfangen. Deshalb meldete ich mich ganz unverbindlich beim Arbeitsamt, um zu sehen, welche Stellen denn eigentlich angeboten werden. Du weißt, ich bin Auslandskorrespondentin und spreche drei Sprachen fließend. Hier arbeite ich zwar in einer ziemlich großen Firma mit sehr viel Auslandskontakt, dennoch ist es etwas anderes, ob man Briefe schreibt und hin und wieder ein Telefonat in einer anderen Sprache führt oder ob man wirklich simultan eins zu eins während eines Gespräches in die andere Sprache übersetzt.

Cassandra, diese Gelegenheit bietet sich mir jetzt. In England ist eine Stelle frei. Die suchen händeringend eine Auslandskorrespondentin, die Deutsch als Muttersprache spricht und während geschäftlicher Verhandlungen dolmetscht. Ist das nicht klasse? Ich habe sofort zugesagt und hatte gestern mein Vorstellungsgespräch. Die nehmen mich mit Kusshand. Das Gehalt ist höher als das, was ich jetzt verdiene und die wollen mir auch bei der Wohnungssuche behilflich sein. Zunächst werde ich in einer privaten Pension untergebracht. Die Kosten dafür zahlt die Firma. Oh Cass, es kommt mir vor, wie in einem Traum. Ich bin seit langem wieder aufgeregt und glücklich. Und du hast mich auf diese Idee gebracht. Deswegen möchte ich dir diese kleine Statue aus meiner Wohnung schenken. Sie ist die Göttin der Fruchtbarkeit. Vielleicht möchtest du sie in deinem Schlafzimmer aufstellen."

Mit einem Augenzwinkern überreichte Iris Cassandra die Figur, die Cassandra jetzt erst wahrnahm. Es war eine wirklich schöne, sehr schlichte Figur, die tatsächlich gut in ihre Wohnung passte.

Cassandra stellte die Figur auf ein Regal, kochte Tee und so saßen sie wieder zusammen – wieder aufgeregt, aber diese Aufregung war eher eine Vorfreude und ziemlich spannungsgeladen.

„Hast du hier deine Wohnung schon gekündigt?"

„Ja, hab ich schon. Du weißt ja, drei Monate Kündigungsfrist. Aber das macht nichts, weil ja die neue Firma die Kosten für die Pension bezahlt. Die benötigen meine Hilfe anscheinend wirklich dringend, sonst würden die wohl nicht solche Angebote machen. Weißt du, ich wollte immer schon ins Ausland und hab in der Vergangenheit auch irgendwie immer mit England geliebäugelt. Aber natürlich kam immer wieder etwas dazwischen oder vielleicht fehlte mir auch nur der Mut, die entscheidenden Schritte einzuleiten. Eigentlich müsste ich Achim dankbar sein. Denn letztendlich hat er mich ja zu diesem Schritt getrieben, oder nicht?"

„Ja, wenn du es so siehst, hast du ganz sicher Recht. Das stimmt. Siehste," Cassandra schlug sich triumphierend mit der flachen Hand aufs Knie, „wusste ich es doch: jede Situation im Leben hat ihren Sinn und zwei Seiten – eine Negative und eben auch eine Positive. Man muss nur nach der Positiven suchen, dann entdeckt man ungeahnte Möglichkeiten. Oh, ich freue mich so sehr für dich. Ich hoffe, dass du es schaffst, ohne viel Aufsehen wegzuziehen, damit Achim dich nicht auch noch bis ins Ausland verfolgt."

„Daran habe ich auch schon gedacht und mir überlegt, ob ich nicht einfach all meine Möbel in der jetzigen Wohnung drin lassen sollte. Mein Vermieter könnte dann eine möblierte Wohnung vermieten. Ist doch sicher auch ein Vorteil für ihn, denn meine Möbel sind noch relativ neu – erst recht meine Einbauküche."

„Hm, da verlierst du natürlich enorme Werte."

„Ja, mag sein. Aber zum einen weiß ich gar nicht, ob meine Möbel überhaupt in die neue Wohnung passen und zum anderen würde ein Umzugs-LKW meinen Stalker stutzig machen. So glaubt er, dass ich immer noch dort wohne und wundert sich vielleicht, warum eine gewisse Zeit alles so dunkel ist. Vermutlich glaubt er, dass ich zu meiner Schwester gezogen bin und wird sich dort erst einmal umsehen. Das gibt mir einen enormen Vorsprung – und wie du es so schön genannt hast – ich schaffe es, meine Spuren zu verwischen. So frei habe ich mich schon lange nicht mehr gefühlt. Ich bin tüchtig aufgeregt und freue mich auf meine neue Arbeit."

„Und dein jetziger Chef? Lässt der dich einfach gehen?"

„Ja, ich hab ihm einfach alles erzählt. Irgendwie hatte er sich schon so etwas Ähnliches gedacht, wegen der ständigen Anrufe und so. Er bedauert meinen Schritt zwar aber er versteht ihn auch. Deswegen gibt er mir unbezahlten Urlaub für die restliche Zeit, um die Kündigungsfrist einzuhalten. Schließlich muss er sich ja auch absichern, in Deutschland ist immer alles so kompliziert."

„Sehr nobel von ihm, echt. Respekt. Das würde nicht jeder Chef machen. Super. Es fügt sich für dich wirklich alles sehr einfach, findest du nicht auch?"

„Ja, alles geht ganz leicht und einfach. Komisch irgendwie. Sonst muss ich immer um alles kämpfen und hier kommt die eine Gelegenheit zur nächsten. Sehr sonderbar, aber auch sehr schön."

„So sehe ich es auch. Nimm es einfach an. Das Universum meint es gerade gut mit dir." Cassandra gab ihrer Nachbarin einen leichten Stupser auf den Arm.

„Wann fährst du denn rüber?"

„Morgen schon. Ich nehme den Flieger – und weg bin ich. Ich hab schon alles eingepackt, was mir wichtig ist. Den Rest brauche ich nicht zum Leben. Vermutlich komme ich in einigen Wochen noch einmal her und kläre mit dem Vermieter und dem neuen Mieter, was drin bleiben darf und was nicht. Oh alles fühlt sich so gut an. Es ist hundertprozentig die richtige Entscheidung für mich. Wenn du magst, besuche mich doch mal. Ich schick dir die neue Adresse per email, wenn ich die Wohnung habe. Ich würde mich tierisch freuen, wenn du mal zu Besuch kämst. Versprichst du mir das?"

Große Augen schauten Cassandra erwartungsvoll an. Cassandra konnte nicht anders – sie musste zustimmen. Außerdem wäre es tatsächlich mal schön, in Großbritannien Urlaub zu machen. Bestimmt auch eine schöne Erfahrung für sie.

Die beiden Frauen umarmten sich herzlich und Iris hüpfte förmlich davon.

Eine verdutzte Cassandra blieb zurück. Mit einem solch schnellen Ergebnis hatte selbst sie nicht gerechnet. Im Allgemeinen liefen solche Entscheidungen wesentlich zäher ab. Das lag wohl daran, dass Menschen sich so ungern von ihren Gewohnheiten trennten und sich nur zögerlich auf Neues einlassen konnten. Nicht so Iris, die schien ja wie ausgetauscht, so, als hätte jemand den Stöpsel gezogen. Interessant. Aber auch wunderbar. Cassandra wusste, um Iris brauchte sie sich jetzt keine Sorgen mehr zu machen. Die hatte alles perfekt im Griff und würde ihr Leben meistern.

Cassandra fühlte sich ausgelaugt. Nicht wegen Iris, sondern, weil auch sie selbst ständig zwischen verschiedenen Möglichkeiten hin und her pendelte. Oft fiel es ihr schwer, sich zu entscheiden: was war richtig, was war falsch. So viele Schreckensmeldungen prasselten Tag für Tag auf sie ein, Meldungen von Lug und Betrug auf höchster Ebene. Wie sollte ein normaler Mensch da noch durchsteigen? Wie sollte man es schaffen, sich selbst einen objektiven Überblick zu verschaffen? Waren die Informationen der Presse überhaupt richtig? Und dann kamen auch noch die eigenen Unzulänglichkeiten und Probleme hinzu: „Ist mein Arbeitsplatz noch sicher? Wieso klappt es immer noch nicht mit meiner Beförderung? Soll ich die Firma wechseln? Wo bleibt mein Traummann oder ist es besser, Single zu sein?" Alles Fragen, die irgendwie unbeantwortet blieben und sehr viel Kraft kosteten. Wie sollte man es schaffen, dem Leben noch etwas Gutes abzugewinnen?

Sie zappte durchs Fernsehprogramm und hielt inne, als sie ein Interview mit einem sogenannten „Lebenscoach" sah. Die Reporterin schien etwas nervös. Offensichtlich war ihr Gesprächspartner sehr berühmt und sie fühlte sich dadurch unsicher und überfordert. Er hatte was, das musste man ihm lassen. Was es genau war, konnte Cassandra nicht sagen. Aber irgendwie berührte sie die Art, wie er sprach oder auch die Aussagen, die er traf. Die Reporterin schien ebenfalls berührt, denn sie wurde immer nervöser. Der Coach schien das zu spüren, denn er fragte sie ganz unverblümt: „gibt es irgendetwas in meiner Art oder Aussage, die Sie so nervös werden lässt?"

Cassandra hielt den Atem an. Jetzt wurde es spannend.

„Äh" die Reporterin errötete ein wenig als sie sagte: „wissen Sie, ursprünglich war es meine Absicht, Sie nach Strich und Faden zu demontieren. Mein Plan war, Sie in der Öffentlichkeit bloßzustellen, weil die Theorien, die Sie in Ihren Büchern aufstellen, nicht funktionieren."

Der Coach unterbracht spontan: „wie kommen Sie darauf, dass die Theorien nicht funktionieren?"

Sie antwortete: „nun, bei mir haben Sie absolut nicht funktioniert!"

„Ah", der Coach lehnte sich entspannt zurück. Diese Haltung irritierte die Reporterin noch mehr. Sie schüttelte mit dem Kopf und fuhr fort: „Alles habe ich ausprobiert, Schritt für Schritt. Ganz haarklein habe ich Ihre Hinweise befolgt und was ist passiert?" – provozierend schaute sie ihr Gegenüber an – „Nichts, nichts ist passiert, rein gar nichts!" Der Coach atmete intensiv ein und aus bevor er ruhig sagte: „Sie glauben nicht daran. Verstehen Sie, Bedingung ist immer, dass man an das, was man tut, auch glaubt. Egal was es ist. Selbst ein Mörder glaubt daran, dass er es schafft, sein Opfer zu erschießen. Ja, ich weiß, ein bescheuertes Beispiel – aber es stimmt. Würde der Mörder einen Moment zögern, eine Sekunde lang darüber nachdenken, ob sein Handeln ethisch vertretbar ist, würde er sein Vorhaben niemals zu Ende bringen können. Verstehen Sie, es geht nicht nur darum **was** Sie tun, sondern darum, ob Sie an das was Sie tun auch glauben können. In der heutigen Zeit ist es unheimlich schwer, sich für die eine oder andere Handlungsweise zu entscheiden. Wir bekommen tagtäglich so viele Informationen, wie noch zu keiner anderen Zeit auf dieser Welt. Von überall her werden wir überschwemmt mit Schreckensnachrichten und vorgefertigten Meinungen. Niemand kann dieses alles verdauen, ohne sich den Magen zu verderben. Deshalb entscheiden sich ja auch so viele Menschen für die Vermeidungsstrategie. Sie möchten sich nicht mehr auseinandersetzen mit dem was passiert, geschweige denn Partei ergreifen. Sie möchten einfach nur in Ruhe gelassen werden.

Es gibt so viel Ungerechtigkeit in dieser Welt, dass man verzweifeln könnte. Verstehen Sie?

Die wichtige Botschaft die dahinter steckt lautet: *„Lass dich nicht vom Sog der Medien vereinnahmen und entwickle deine eigene Meinung."*

Das ist aber nicht so einfach, ich weiß. Wem soll man noch vertrauen. Wer sagt die Wahrheit. Soll ich dieses oder jenes tun. Soll ich mitfühlen oder lieber nicht. Soll ich mich einsetzen für diese oder jene ideelle Idee oder es lieber lassen. Diese ständige Fragerei zieht einen runter. Dadurch erkennen wir gar nicht mehr, dass es auch noch Schönes und Gutes gibt in dieser Welt. Wir übersehen die Freundlichkeit unseres Nachbarn oder die Liebe unseres Partners.

Alles fühlt sich an wie ein Spagat. Wie ein Spagat zwischen dem, was Schreckliches passiert in der Welt und der Schönheit des Lebens. Es fühlt sich an wie ein Spagat zwischen Mitgefühl und der Absicht, Positives hinter den Aktionen zu entdecken."

Jetzt unterbrach die Reporterin den Coach. Offensichtlich hatte sie neuen Mut bekommen und setzte dort wieder an, wo sie aufgehört hatte: „genau das meine ich! Wie können Sie angesichts der offensichtlichen Ungerechtigkeiten in der Welt die Theorie vertreten, dass es nur an der Denkweise liegt, wie wir unsere Welt wahrnehmen. Bedeutet es, dass man nur genug meditieren muss und schwupp ist der Krieg vorbei? Wie stellen Sie sich das vor? Nun mal ganz ehrlich, Vorstellungskraft hin oder her, aber allein nur durch unsere Visionen werden wir unsere Politiker und die Gier nach Geld und Macht nicht ausmerzen können! Kann es sein, dass Sie sich einfach nur hinter Ihrer Ohm-Theorie verstecken und genauso geld- und machtgierig sind wie all die anderen, die uns das Leben schwer machen?"

Pause.

Der Coach sagte nichts. Er saß einfach nur da, atmete tief durch und schaute die Reporterin an. Das verunsicherte sie dermaßen, dass sie noch wütender wurde: „Hat es Ihnen die Sprache verschlagen? Wollen Sie meine Vorwürfe nicht kommentieren, sich zur Wehr setzen? Oder akzeptieren Sie die Niederlage Ihrer aufgestellten Behauptungen?"

Immer noch Pause. Der Coach blieb ruhig, atmete weiter tief ein und aus und sprach kein Wort. Cassandra fand diese Vorgehensweise äußerst bemerkenswert. Sie überlegte kurz, ob sie selbst in solch einer Situation, also wenn jemand sie so hart attackierte, so ruhig bleiben könnte.

Endlich löste sich der Coach aus seiner passiven Haltung.

„Was macht Sie eigentlich so wütend auf mich, dass Sie mich hier dermaßen angreifen?" Er sprach völlig unaufgeregt und extrem ruhig. „Woher kommt dieser Zorn, diese Wut?"

Die Reporterin errötete erneut als sie antwortete: „das geht Sie gar nichts an. Wir sind nur hier um herauszubekommen, wieso bzw. ob überhaupt Ihre aufgestellten und wissenschaftlich nicht unterstützten Theorien funktionieren." Dabei lächelte sie in die Kamera, so, als wären die Zuschauer ihre Verbündeten.

Der Coach ließ sich von diesem direkten Angriff in keiner Weise beeindrucken und antwortete stattdessen: „Wissen Sie, es geht nicht um mich oder meine Theorien, sondern darum, dass die Menschheit jetzt vor der Herausforderung steht, auf eine tiefgreifende Krise, die das Überleben aller bedroht, zu reagieren. Die Gestörtheit des menschlichen Egogeistes, die schon vor über 2500 Jahren von den alten Weisheitslehrern erkannt wurde und die jetzt durch Wissenschaft und Technik überdeutlich zu Tage tritt, bedroht erstmalig das Überleben der Erde. Ein bedeutender Teil der Weltbevölkerung wird bald erkennen – falls er das nicht schon getan hat – dass die Menschheit jetzt nur noch eine Wahl hat: Weiterentwicklung oder Untergang. Was jetzt so nach und nach entsteht, ist kein neues Glaubensbekenntnis und keine neue Religion, keine neue spirituelle Ideologie oder Mythologie, sondern ein neues Bewusstsein. Der Mensch erkennt, dass die alten Denkstrukturen destruktiv waren und nichts anderes als Unterdrückung, Kontrolle, Krieg und Elend gebracht haben. Eine neue Art zu denken, sich vorzustellen, dass wir Jahrtausende lang einer Täuschung erlegen waren ist der Anfang der neue Erde und des neuen Himmels, von dem schon im Neuen Testament die Rede ist. Ein neuer Himmel bedeutet das Aufkeimen eines transformierten Bewusstseins im Menschen und eine neue Erde dessen Reflexion auf der physischen Ebene. Wir sind dabei, unsere ganzen Glaubensstrukturen auf den Kopf zu stellen. Die Außendarstellung der Welt bestätigt dieses. Das bedeutet für jeden Einzelnen von uns, entweder weiter zu Jammern und zu Klagen, so wie schon vor Tausenden von Jahren oder aber die Chancen zu erkennen, die diese Veränderungen mit sich bringen."

Stille. Angesichts des tiefgreifenden Referats verstummte die Reporterin fast. Sie fühlte sich anscheinend ertappt, denn das, was er sagte, hatte Hand und Fuß.

Sie stammelte irgendeine Entschuldigung und versuchte noch einmal das Gespräch in eine andere Richtung zu lenken…

Cassandra hatte genug gesehen. Sie wusste schon lange, dass Andersdenkende in den Medien zerrissen wurden. Da brauchte man schon sehr viel Selbstbewusstsein und taktisches Vorgehen, wenn man diesem Druck standhalten wollte. Insgeheim bewunderte sie diesen Coach, der sich von den Angriffen der Reporterin distanziert hatte und die ganze Zeit über freundlich und ruhig geblieben war. Respekt. Das hätte sie in dieser Situation wahrscheinlich nicht hinbekommen. Sie kannte sich selbst schon sehr gut – sie wusste, sobald sie angegriffen oder kritisiert wurde, reagierte sie empfindlich und schoss unvermittelt zurück. Erfolg hatte sie in der Vergangenheit mit dieser Vorgehensweise nicht gehabt, aber für einen kleinen Moment spürte sie einen Anflug von Genugtuung. Sie entschloss sich, am nächsten Tag noch einmal darüber nachzudenken, marschierte ins Bad, dann in ihr kuscheliges Bett und schlief ein.

Kapitel 7: Hinterfrage die Zusammenhänge und erkenne ihren Sinn

Ziemlich gut gelaunt erwachte Cassandra am nächsten Morgen. Obwohl dieses Interview sie dann doch noch während der Nacht beschäftigt hatte. Irgendwann, so ungefähr gegen 3.00 Uhr morgens, war sie aufgewacht und konnte nicht sofort wieder einschlafen. Es ging um das Thema Kritik. Ein heikles Thema für sie im Speziellen. Andere mochten damit keine Probleme haben. Cassandra schon. Bereits in der Kindheit wurde sie für alles Mögliche kritisiert: „du kannst dieses nicht, du kannst das nicht, und wenn du das beginnst, geht das ganz sicher schief usw." Innerlich hasste sie Kritik, wusste aber auch, dass dieses Ungetüm von Hass noch mehr von dem erzeugte, was sie nicht wollte: nämlich Kritik! Diese Mechanismen waren ihr geläufig und bereits in anderen Situationen auf sie zugekommen. Damals ging es mehr um das Thema Schuld. Sie hatte ewig dafür gebraucht, all die Zusammenhänge zu erkennen und sie dann loszulassen.

„Loslassen"! Genau, das war es doch. Wie hatte der Coach reagiert - sehr ruhig und zentriert.

Jetzt erschien wieder die Erinnerung an den Selbstverteidigungskurs damals. Was waren noch mal die Worte der Trainerin gewesen? „Wenn euch jemand beleidigt oder cholerisch anschreit, macht einfach innerlich eine Wendung oder geht innerlich einen Schritt zu Seite und lasst diese hässliche Energie an euch vorbeigleiten!"

Stimmt, das war es und genau dieses hatte der Coach im Interview gemacht. Er gab der Reporterin nicht die nötige Plattform für ihre Wut, sondern ließ das Gesagte / die Kritik, an sich vorbeigleiten. Genial.

´Das muss ich unbedingt demnächst auch ausprobieren`. Cassandra lächelte vor sich hin und schlief dann wieder ein.

Am nächsten Morgen erinnerte sie sich noch sehr genau an ihr Vorhaben. Deswegen war sie ja auch so gut gelaunt. Denn sie würde diese Methode gleich heute anwenden, wenn der Abteilungsleiter wieder seine kritischen 5 Minuten hatte. ´Mal sehen, wie der reagiert. Ich bin sehr gespannt`. Mit dieser Vorfreude auf ihre neue Vorgehensweise fuhr sie zur Arbeit.

Die Kollegen guckten schon so komisch als Cassandra die Firma betrat. Niemand konnte genau erkennen, was an ihr anders war aber irgendwie wirkte sie heute entschlossener und selbstsicherer. Die Kollegen tuschelten schon: „haste schon gesehen, Cass sieht heute richtig sexy aus, irgendwie anders. Ob die jetzt ´n Kerl hat?" „Keine Ahnung, darüber spricht sie ja nicht. Schade eigentlich, vielleicht hätte ich ja auch bei ihr eine Chance." Der Kollege lachte. Vergiss es Bruder, du bist ganz sicher nicht ihr Typ. Die steht auf „Typ Erfolgreich" und nicht auf einen Looser wie dich."

Der Kollege verzog sein Gesicht, beobachtete aber weiterhin Cassandra. `Irgendwas ist heute anders. Ich krieg schon noch raus was...´ Damit war die Sache erledigt und er wandte sich wieder seiner Arbeit zu.

Ja, Cassandra war heute geradezu in die Firma getänzelt. Dazu ein optimales Äußeres - perfektes Outfit, perfektes Makeup. Alles passte. Sie spürte die Blicke in ihrem Rücken und lächelte. Fühlte sich irgendwie gut an. Klar gab es auch immer Neider, dessen war sie sich durchaus bewusst. Aber es interessierte sie irgendwie nicht mehr, ob sie irgendjemanden mit ihrer Art auf die Füße trat. Sie entschied für sich und tat das, was sie für richtig hielt. Basta!

`Es ist schon komisch´, dachte sich Cassandra `da hat man sich mal einmal so richtig aufgemotzt, und schon wird man quasi von der Männerwelt mit den Blicken verfolgt. Das ist zwar nett für mein EGO aber irgendwie auch verlogen. Ist denn die „normale" Cassandra keines Blickes würdig. Lohnt es sich nicht oder gibt es nichts zu erkennen. Sind es denn nur die Äußerlichkeiten, für die sich die Männer interessieren´?

Cassandra fand es erschreckend, wie sehr doch die Männer, und wenn sie ehrlich war, auch sie selbst, noch auf Äußerlichkeiten achtete. Erschreckend eigentlich. Niemand achtete mehr auf die inneren Werte. Es schien egal, ob jemand sich benahm wie ein „Schweinehund", Hauptsache die Optik stimmte.

`Ist das unsere reale Welt? Ist es das, was wir uns immer erhofften und haben wollten – eine Welt, in der nur noch Äußerlichkeit zählt und niemand mehr daran glauben kann, dass auch Mitgefühl und liebevolles Miteinander wertvoll sind? Ist nur noch wichtig, Materielles in großer Menge anzuhäufen, um sich in Sicherheit zu wägen oder könnte eine gut funktionierende Freundschaft ähnliche Resultate erzielen?´ Cassandra wurde leicht schwindelig. So viele Fragen schwirrten in ihrem Kopf herum und das alles nur, weil sie sich heute Morgen besonders viel Zeit genommen hatte.

„Siehst schon´n bisschen nuttig aus, findste nicht?"

Die Stimme hinter ihr klang leicht krächzend und tropfte vor Arroganz.

„Ach tatsächlich?" Cassandra drehte sich langsam um und schaute in das Gesicht eines älteren Kollegen, der schon mehrfach versucht hatte, sie an zu graben.

„Und Sie sind der Meinung, dass Sieee das beurteilen können?" Cassandra antwortete ebenfalls arrogant und spürte leicht, wie Wut in ihr hochstieg. Sie erinnerte sich an die Fernsehsendung vom Vorabend und daran, wie gelassen doch dieser Coach auf arrogante Anspielungen reagiert hatte. Das war die Gelegenheit. Welche Worte hatte er noch benutzt? Ach ja…

Sie atmete mehrmals kurz durch und fragte freundlich aber doch auch sehr selbstbewusst: „was macht Sie eigentlich so wütend auf mich, dass Sie mich hier dermaßen angreifen? Woher kommt dieser Zorn, diese Wut?" Sie sprach extrem ruhig und langsam.

Ihr Kollege stutzte und wurde knallrot. Er fühlte sich ertappt. Langsam erholte er sich wieder, stammelte irgendetwas, von dem Cassandra kein Wort verstand und verschwand mit gesenktem Haupt Richtung Herrentoilette, begleitet von den Kommentaren seiner männlichen Kollegen.

„Sehr gut gelöst, Cass!" flüsterte Cassandras Kollegin in ihr Ohr. „Wurde auch mal Zeit, dass dem jemand Kontra gibt. Der ist so widerlich arrogant und selbstverliebt, dass er glaubt, sich alles erlauben zu können. Hast du echt gut gemacht!" Damit lächelte sie Cassandra an und ging weiter.

Noch etwas verdutzt stand Cassandra da und rekapitulierte das gerade Erlebte. `Das ging ja schnell, das, mit dem ausprobieren. Hätte nicht gedacht, dass sich so schnell eine Gelegenheit dafür bieten würde. Interessant´. Cassandra lächelte in sich hinein, zuckte leicht mit den Schultern und wandte sich ihrer Arbeit zu.

Anscheinend hatte sie sich mit ihrer Reaktion einigen Respekt der Kolleginnen eingeheimst, denn jedes Mal, wenn sie ihren Arbeitsplatz verließ, begleiteten sie aufmunternde und ehrfürchtige Blicke. Vermutlich hatte noch niemand der weiblichen Kollegen versucht, diesen Mann in seine Schranken zu weisen. Nun gut, so war sie halt die erste. Sie verließ fast zeitgleich mit einer Kollegin das Büro. Es schien so, als hätte diese auf sie gewartet. Cassandra wollte freundlich sein und begann einen Smalltalk: „na Frau Hübner, freuen Sie sich auch schon auf Ihr Sofa?" Es sollte beiläufig klingen und nicht wirklich eine Diskussion herbeiführen, denn ehrlich gesagt, kannte Cassandra Frau Hübner kaum und hatte irgendwie auch keine große Lust, sie näher kennen zu lernen. Deswegen überraschte es sie umso mehr, als sich deren Augen langsam mit Tränen füllten und sie laut aufschluchzte. Es schien so, als würde sie zusammenbrechen. Vorsichtig stützte Cassandra ihre Kollegin und führte sie zurück ins Büro zu einem Schreibtischstuhl.

„Mein Gott Frau Hübner, was hab ich gesagt? Ich wollte Sie nicht beunruhigen. Was ist denn los?" Cassandra war sichtlich bestürzt aufgrund dieser Reaktion, sich zeitgleich aber auch keiner Schuld bewusst. Denn, wie gesagt, es sollte nur Smalltalk sein.

„Bitte nennen Sie mich Carla, ja?"

„Ok, Carla, was ist denn los?"

„Wissen Sie Cassandra, als ich Sie heute Morgen gesehen habe, wie Sie dem Kollegen Paroli geboten haben, wurde mir erst wirklich bewusst, wie klein ich doch bin. Solch eine Reaktion hätte ich niemals hinbekommen. Das schaffe ich ja nicht mal bei meinem eigenen Mann. Der diktiert mir jeden Tag, was ich zu tun und zu lassen habe und mäkelt dann immer noch, dass nicht alles richtig ist. Dabei ist bei uns alles blitzblank und ordentlich, wenn er nach Hause kommt. Selbst das Essen ist gekocht, er braucht also gar nichts mehr zu tun."

„Moment, Carla, wollen Sie mir sagen, dass Ihr Mann keinen Handschlag im Haushalt macht?"

Carla nickte und schnaubte laut in ein Taschentuch.

„Finden Sie das denn richtig?"

„Nun, er hat eine anstrengende Arbeit. Da will er zu Hause nicht auch noch arbeiten müssen."

„Ok, und Sie? Sie arbeiten doch hier auch den ganzen Tag und ich finde Ihre Arbeit als Buchhalterin wirklich sehr anstrengend. Da könnten Sie zu Hause doch das gleiche Recht einfordern?"

Große Augen blickten Cassandra an. „Das geht doch nicht. Er ist doch der Mann!" Carla sagte das mit einem Ausdruck tiefster Überzeugung. Schließlich war sie so erzogen worden. Zudem hatten ihre Eltern ihr genau dieses Bild vorgelebt.

„Ja, Carla, damals war das so. Damals, als die Frau noch zu Hause blieb und den Beruf der Hausfrau und Mutter ausübte und der Mann der Alleinverdiener war. Aber heute hat sich das Bild gewandelt. Schließlich arbeiten Sie ja auch außerhalb und tragen damit zum Familieneinkommen bei. In der heutigen Zeit helfen die Männer ihren Frauen im Haushalt, weil sie ja um die Doppelbelastung einer Frau wissen.

Carla sank in sich zusammen. Natürlich wusste sie um diese Arbeitsverteilung in anderen Familien, aber ihr Mann wollte sich einfach nicht ändern. Einige Male hatte sie zaghaft versucht, die Diskussion dahingehend zu lenken. Leider jedes Mal ohne Erfolg. Das letzte Mal hatte er sie sogar angeschrien, sie solle dankbar sein, dass sie bei ihm wohnen dürfe und wäre fast handgreiflich geworden, wenn sie sich nicht losgerissen hätte. Seitdem hatte sie Angst. Sie hatte Angst, Fehler zu machen und sie hatte Angst davor, dass er sie beim nächsten Mal schlagen würde.

Stockend erzählte sie Cassandra davon, immer wieder von heftigem Schluchzen unterbrochen. Sie sprach sich alles von der Seele. Es tat gut, endlich mal mit jemandem zu reden. Ihre Freundin war da keine gute Ratgeberin, denn die war schon lange Witwe und wusste gar nicht mehr, wie es ist, eine Beziehung zu führen.

Nach gefühlten Stunden endete sie. Sichtlich erleichtert aber auch völlig erschöpft. Carla befand sich am Ende ihrer Kräfte. Cassandra hatte tiefes Mitgefühl mit dieser Frau, die es jedem Recht machen wollte – nur sich selbst nicht.

Cassandra`s Gedanken stockten. Das war´s. Na klar, offensichtlicher ging es ja nicht.

„Carla" Cassandra begann betont vorsichtig, „Sie sind immer freundlich und hilfsbereit. Sie sind immer für andere da, nur für sich selbst nicht; ist Ihnen das schon aufgefallen? Sie neigen stark zu diesem sogenannten `Helfersyndrom´ - sie wollen es allen Recht machen, vermutlich damit hinterher jeder sagt: oh, diese Carla ist so eine nette und hilfsbereite Person, ein bisschen wie Mutter Teresa.

Sie lechzen nach dieser Anerkennung – doch sie bleibt aus. Im Gegenteil, man, oder besser gesagt, Ihr Mann, tritt Sie sogar mit Füßen – überspitzt gesagt. Er sieht gar nicht, was Sie alles leisten, oder anders formuliert, er ignoriert es einfach, denn sehen wird er es schon. Aber das wonach Sie innerlich betteln, die Anerkennung, die gibt er Ihnen nicht. Auch hier im Büro nimmt Sie niemand so richtig wahr. Sie sind immer da, machen Ihre Arbeit perfekt, aber auch hier fehlt die Anerkennung durch Lob oder geschweige denn durch eine Gehaltserhöhung. Carla, Sie haben nie gelernt, sich für sich selbst einzusetzen. Anderen zu sagen, was Sie wollen und was nicht. Es geht nicht anders, Sie müssen sich überwinden und Ihrem Umfeld Ihre Grenzen aufzeigen. Bis hierhin und nicht weiter. Das und jenes bin ich gerne bereit zu tun – das andere aber nicht usw. Verstehen Sie, was ich meine?"

Oh ja, Carla verstand. Insgeheim wusste sie schon längst, dass sie immer das „Schaf" war, diejenige, die alles machte und auch Überstunden nicht ausschlug, während die Kollegen früher gingen, weil sie noch „wichtige Termine" hatten. Sie wusste, dass das nicht stimmte und sie fühlte sich oft genug ausgenutzt. Aber was sollte sie denn tun, sie war doch nur Carla, die kleine Buchhalterin. Die kleine Maus, die etwas verstaubt hinter ihrem Schreibtisch und über unzählige Akten saß. Das würde sich vermutlich nie ändern.

Cassandra beobachtete eine immer kleiner werdende Kollegin, die schon fast grau im Gesicht war. Und obwohl sie kein Wort aussprach, glaubte Cassandra, die Gedanken fast hören zu können.

„Sie trauen sich nicht, oder?"

Carla nickte weinerlich. „Stimmt, ich traue mich nicht. Denn wenn ich nicht alles tue, was andere sagen, mag mich ja überhaupt keiner mehr!"

„Glauben Sie das wirklich?"

Carla nickte wortlos erneut. Sie war schließlich noch nie beliebt gewesen, wieso sollte sich das jetzt ändern. Selbst ihr Mann hatte sie vermutlich nur aus Mitleid geheiratet. Denn Liebe würde sich doch wohl anders anfühlen, zumindest sah man das in diesen Filmen.

Pause.

Die Frauen saßen nebeneinander auf ihren Bürostühlen und hingen jeweils ihren eigenen Gedanken nach. Für Carla brach gerade eine Welt zusammen. Dunkle Wolken zogen vor ihrem geistigen Auge hoch und schienen sie verschlingen zu wollen, wie dunkle Monster, die sie mit Eiseskälte in sich aufsogen.

Carla fröstelte es bei dieser Vorstellung.

Cassandra nahm es wahr und rang nach Worten. Wie sagte man einer verzweifelten Frau, dass es Hoffnung gab. Dass sie nur sich selbst ändern müsse, damit andere das Verhalten ihr gegenüber auch verändern.

Einer Eingebung folgend, begann sie mit einer Frage: „Carla, woher kommt eigentlich dieser Selbstzweifel, dieses Minderwertigkeitsgefühl. Haben Ihre Eltern Ihnen niemals gesagt, wie großartig Sie sind und wie sehr sie Sie lieben?"

Carla schüttelte den Kopf. „Nein, ich bin das Mittlere von fünf Kindern und musste immer nur funktionieren, sonst gab´s Theater. Mein Vater war sehr dominant und hätte einen Aufstand oder innerliches Aufbegehren niemals geduldet. Früher als Kind wollte ich mehrfach weglaufen, einfach um herauszufinden, ob mein Fehlen überhaupt jemandem auffällt. Leider hatte ich nie den Mut dazu und bin geblieben."

Cassandra erschrak innerlich. Wenn ein Kind solche Maßnahmen in Erwägung zog, war es weit genug.

Deswegen fuhr sie weiter äußerst vorsichtig fort: „sehen Sie Carla, dass ist der ursächliche Grund für Ihre jetzige Situation. Das Bedürfnis, anerkannt und gesehen zu werden. Jeder Mensch hat das und jeder Mensch braucht Lob und Anerkennung, um gesund zu reifen. Ihnen wurde dieses vermutlich aus Unwissenheit verweigert. Ich glaube schon, dass Sie Ihre Eltern geliebt haben. Vielleicht konnten sie Ihnen dieses einfach nur nicht deutlich genug zeigen. Dieses Loch – also die fehlende Anerkennung – wurde mit der Zeit immer größer und Sie versuchten es selbst zu stopfen, indem Sie gekuscht haben, es allen Recht machen wollten. Verstehen Sie jetzt? Dieses Muster in Ihnen ist mittlerweile so groß geworden, dass Sie bei allem, was Sie tun, nach Anerkennung und Wertschätzung lechzen. Andere Menschen spüren das innerlich und geben es Ihnen aber nicht, weil nicht sie dafür zuständig sind, sondern Sie selbst. Sie, Carla, müssen sich selbst diese Anerkennung geben. Sie selbst dürfen sich immer wieder sagen, wie genial Sie sind. Wie zuverlässig, ordentlich und genau Sie sind, sodass kein Finanzamt dieser Welt irgendetwas in den Büchern finden wird. Verstehen Sie? Ich hab jetzt etwas übertrieben, aber nur so funktioniert es."

„Eigenlob stinkt"

Diese zwei Worte schossen aus Carlas Mund wie Munition aus einer Pistole. Auch in dieser Härte.

Cassandra lächelte sanft. „Nun, Sie sollen sich nicht jeden Tag ununterbrochen selbst beweihräuchern, wie man so schön sagt, sondern einfach nur anerkennen, dass Sie echt einiges geleistet haben. Dass Ihr Chef stolz auf Sie sein kann, weil alles so ordnungsgemäß erledigt ist und auch Ihr Mann sich freuen kann, solch eine erfolgreiche und liebenswerte Frau geheiratet zu haben. Verstehen Sie? Die Anerkennung, nach der Sie sich so sehr sehnen, wird niemals von anderen kommen, solange Sie in dieser Art „Sucht" verharren. Erst wenn Sie in der Lage sind, sich selbst als wunderbar wahrzunehmen, werden auch andere es tun und nicht mit Lob und Anerkennung sparen. Ihr Mann ist genau deswegen in Ihr Leben getreten. Er ist dazu da, um Ihnen aufzuzeigen, dass Sie sich tatsächlich „ein Bein ausreißen" können, ohne dass Sie je ein Wort der Anerkennung von ihm hören werden. Solange Sie in dieser devoten Haltung bleiben, wird es nie passieren. Erst wenn Sie bereit sind, sich selbst zu akzeptieren, sich selbst als erfolgreich wahrnehmen, kann er es auch. Erst dann wird ihm klar werden, was Sie alles tun und Ihnen seine Hilfe anbieten. Probieren Sie es aus, sie werden sich wundern, wie ihr Umfeld sich verändert.

Sie sind genial. Sie sind hilfsbereit, Sie sind gut in Ihrem Job und in Ihrer Haushaltsführung. Sie erledigen alles vorbildlich. Er wird es merken, wenn Sie selbst Ihr Augenmerk darauf legen. Wenn Sie selbst zu sich abends sagen, wow, was habe ich heute alles erledigt. Das hat ja alles wunderbar geklappt, ich bin echt gut in dem, was ich tue. Verstehen Sie Carla, mit dieser neuen Selbsterkenntnis gehen Sie ganz anders durch die Welt."

„Ja, das hört sich immer gut an. Viele Menschen haben mir Ähnliches gesagt, sie haben mir empfohlen immer wieder den einen oder anderen positiven Text aufzusagen, doch es änderte sich nichts. Ich konnte mir hundertmal suggerieren, wie gut ich bin, es blieb alles beim Alten. Es ist frustrierend." Carla seufzte tief und sah aus als stände sie kurz vor dem Suizid.

„Logisch hat das nicht funktioniert!"

„Wie, logisch hat das nicht funktioniert? Ich versteh kein Wort! Was meinen Sie denn damit?"

Cassandra machte bewusst eine längere Pause, atmete noch einmal tief durch und sprach langsam aber doch sehr eindringlich: „Es konnte nicht funktionieren, weil Sie nicht daran geglaubt haben. Sie haben diesen Text zwar gedacht, vielleicht sogar laut vor sich her gesagt, aber geglaubt haben sie kein einziges Wort. Stimmt´s?"

Clara nickte und schaute etwas verschämt auf den Boden.

„Ja stimmt."

„Tja, genau das ist der springende Punkt. Das ist Ihre Aufgabe in dieser Situation – nicht nur zu wissen, wie gut Sie sind, sondern auch daran zu glauben und darauf zu vertrauen, dass Ihr Können, Ihre Erfahrung und ihr Wissen derart fortgeschritten ist, dass die Menschen in Ihrem Umfeld sie respektieren müssen. Dann gibt es keine übergriffigen Situationen mehr, kein Ausnutzen oder respektloses Gequatsche. In dem Moment, wo Sie selbst erkennen, was Sie als Person alles ausmacht, können Sie sich auch selbst anerkennen und wertschätzen. Diese neuen Gedanken finden auf einer ganz anderen Frequenz statt als die alten und Sie strahlen sie dementsprechend aus. Auf dieser Frequenz haben Demütigungen keinen Platz, verstehen Sie?"

„Hm, irgendwie ja. Sie meinen also, die anderen konnten mich nicht wahrnehmen, weil ich auf einer anderen Frequenz gesendet habe?" Carla lächelte gequält.

„Ja, wenn man es so ausdrücken will ja. Natürlich ist das alles bildlich gesehen, sie verstehen schon, oder? Es ist so ein bisschen wie beim Radio – es gibt einen Sender und einen Empfänger. Der Sender sind Sie, sie senden pausenlos Signale aus. Sind diese Signale auf der hilflosen, armes kleines Ich-Ebene, empfängt sie nur derjenige, der diesen Sender eingestellt hat, sprich, der sich ebenfalls hilflos und klein fühlt. Ihre Kollegen und Ihr Mann fühlen sich aber nicht klein. Sie haben einen anderen Sender gewählt. Das bedeutet für Sie, Sie müssen die Frequenz ändern, damit man Sie empfangen kann. Ist doch irgendwie logisch, oder nicht?"

„Ja. So langsam dämmert es mir, was Sie meinen. Und logisch ist es auch. Vermutlich haben Sie Recht."

Carla holte zum ersten Mal tief Luft. Sie richtete sich auf und entwickelte plötzlich eine ganz andere Körperhaltung. Sie saß kerzengerade da, schaute Cassandra direkt in die Augen und sagte: „wissen Sie was Cassandra, ich probier´s. Was habe ich schon groß zu verlieren. Versuch macht klug. Ich danke Ihnen, dass Sie mir zugehört und so´n bisschen den „Kopf gewaschen" haben. Ich habe jetzt wieder neuen Mut, mein Leben anzupacken. Danke noch mal!"

Damit erhob sie sich, umarmte Cassandra etwas umständlich und ging.

Cassandra sah ihrer Kollegin nach. Erstaunlich, was manchmal ein kurzes Gespräch ausmachen kann. Hoffentlich bleibt sie in dieser Kraft. Damit stand auch Cassandra auf und fuhr nach Hause.

Kapitel 8: Erkenne dich und dein Hiersein

„Du bist aber auch manchmal wie ein Seelsorger unterwegs, Cass".

„Wie meinst du das Mona?"

„Nun, ständig triffst du Leute, die deinen Rat wollen. Selbst wenn sie ihn nicht direkt bei dir einfordern, kreuzen sie deinen Weg, sodass du gar nicht anders kannst, als ihnen zu helfen. Wie machst du das nur?"

Mona sah Cassandra mit einem verschmitzten Lächeln an. Es war Samstag und die beiden Freundinnen frühstückten gemeinsam in Cassandras Wohnung. Mona hatte extra leckeren Bacon mitgebracht und ein fantastisches Rührei gezaubert, während Cassandra die Brötchen holte und den Rest beisteuerte.

Sie saßen auf dem kleinen Balkon von Cassandras Wohnung und genossen die Ruhe der Natur. Es war für einen Samstag erstaunlich ruhig in dieser Nachbarschaft.

Mona nippte an ihrem Orangensaft, während Cassandra ihren heißen Kaffee in vollen Zügen genoss. Sie liebte diesen Duft und diesen Geschmack. Es ging ihr gar nicht um das Coffein, denn Kaffee machte sie irgendwie überhaupt nicht wach. Nein, es war einfach dieser bezaubernde Moment des Genießens, den Kaffee in ihr auslöste.

Cassandra ließ ihren Blick über die Bäume schweifen, die sich stolz der Welt präsentierten und blinzelte in den Himmel. Blauer Himmel bis hin zum nahen Gebirge, das diesen Ort abgrenzte. Tauben, Krähen und Meisen flogen ihre Bahnen, ohne sich im Geringsten zu behindern. Friedliche Stille lag an diesem Morgen über diesen Ort.

Cassandra atmete mehrfach tief ein und aus bevor sie antwortete: „ich weiß auch nicht wie das immer kommt. Klar, ich habe ein gewisses Talent was Aufmerksamkeit und Wahrnehmung betrifft. Ich erkenne, wenn es einem Menschen schlecht geht oder bekomme mit, wenn jemand verzweifelt ist. Das stimmt alles. Warum aber in letzter Zeit vermehrt die Menschen an mich herantreten, weiß ich auch nicht. Das war früher nicht so."

Wieder nippte sie an ihrem Kaffee und schüttelte sanft den Kopf.

„Tja, vielleicht kommen jetzt die Menschen zu dir, weil du so viel an dir arbeitest. Seit einigen Monaten gehst du ja ziemlich hart mit dir selbst ins Gericht. Wie oft haben wir uns schon über verschiedene Themen unterhalten und versucht, die Zusammenhänge zu erkennen. Wie oft mussten wir einsehen, dass wir selbst mit die Verursacher waren. Wie oft haben wir festgestellt, dass wir Oberflächlichkeit nicht mögen. Ich finde, wir haben uns ganz schön verändert in den letzten Monaten. Vermutlich ziehen wir deshalb andere Menschen in Notsituationen an."

Mona stopfte sich gerade ihr Brötchen mit Marmelade quer in den Mund, sodass einiges von der Marmelade an ihrem Gesicht hängen blieb.

„Jetzt hast du einen Marmeladen-Kussmund. Sieht sehr hübsch aus. Vielleicht solltest du den behalten. Es wirkt vermutlich sehr anziehend auf Männer."

Mona lachte und wischte sich mit der Serviette über den Mund. „Du hast immer Ideen, deine Bilder im Kopf möchte ich nicht haben." Mona streckte ihre Hand aus, so, als ob sie sich vor Cassandra schützen müsste.

„Weißt du Mona, ich handle einfach so, wie es sich für mich richtig anfühlt. Ich folge meinem Gefühl und meinem Gewissen. Ich vertraue darauf, dass m ir schon das richtige einfällt, wenn es soweit ist, denn ich wünsche mir für alle Menschen Frieden und Glück. Ich kann es einfach nicht leiden, wenn jemand benachteiligt wird oder gemoppt oder noch Schlimmeres. Es geht mir einfach gegen den Strich. Das war schon immer so, nur heute möchte ich irgendwie dazu beitragen, dass Menschen liebevoller miteinander umgehen. Das ist doch nicht zu viel verlangt, oder?"

„Nee, zu viel verlangt ist das nicht. Es ist auch sehr edel, finde ich. Mir geht es doch ähnlich. Wir beide haben dieselbe Antriebskraft in uns, merkst du das nicht auch? Wenn wir einfach weiterhin versuchen, immer unser Bestes zu geben, selbst wenn wir dabei in eine   treten, werden wir erstaunliches vollbringen können. Zeitgleich entwickeln wir uns ja auch dabei, denn wir erhalten durch die Problemlösungen anderer eigene Erkenntnisse, die wir in unserem eigenen Leben umsetzen können. Ist doch genial, findest du nicht auch?"

„Ja das stimmt. Ich glaube, wir beide sind hier, um anderen Mut und Kraft zu geben."

„Und Hoffnung! Hoffnung ist das Wichtigste. Ohne sie ist sowieso alles egal. Wenn man aber noch einen Fünkchen Hoffnung hat, macht man sich immer wieder neu auf den Weg. Ich glaube, wir sind dafür da, andere aufzurichten und sie zu motivieren, weiterzumachen."

Cassandra wurde sehr nachdenklich als Mona das sagte.

„Vermutlich hast du Recht. Wir verbreiten Hoffnung. Das stimmt. Die Leute sehen für einen kurzen Moment einen Schimmer einer Möglichkeit, wie sie ihr Leben wieder in den Griff bekommen können und dieser Schimmer reicht schon, um sie wieder in die Aktivität zu bringen. Es stimmt. Ach Mona, ist das nicht toll. Ist das nicht eine wundervolle Aufgabe, die wir hier übernommen haben?"

„Ja, und vor allem, ohne davon zu wissen!" Mona grinste über das ganze Gesicht und strahlte Cassandra an. Sie beide waren nicht umsonst die besten Freundinnen. Sie verband eine unendliche Vielzahl von Eigenschaften und Erlebnissen. Dieses Band würde wohl ewig halten.

„Danke dir für deine Freundschaft, Mona."

„Danke **dir** für **deine** Freundschaft Cass."

Die beiden Frauen umarmten sich innig und wussten, dass sie dieses Geschenk der Freundschaft niemals aufs Spiel setzen würden.

Gaby Bothe

www.catmove-gabybothe.de

Geboren als 4. Kind einer Nachkriegsfamilie wuchs ich zwar gehütet, aber auch mit vielen vorgegebenen Mustern und destruktiven Verhaltensweisen auf. Damals wusste ich nicht, dass ich hellfühlig bin und versuchte meinen gefühlten Schmerz, der meist gar nicht der eigene war, dadurch zu kompensieren, anderen zu helfen.

Doch immer wieder überkamen mich Ängste, völlig irrationale Ängste, die ich nur dadurch von mir abwenden konnte, indem ich mich von der Welt zurückzog.

Nach Jahren der Einsamkeit entschied ich mich irgendwann für die „Flucht nach vorne" und begann mit dem intensiven Training verschiedener Kampfsportarten. Getrieben von dem Gedanken, die perfekte Selbstverteidigung –speziell für Frauen und Kinder- zu erhalten, zog ich mehr als 30 Jahre lang von Lehrer zu Lehrer, von Kampfkunst zu Kampfkunst.

Irgendwann erkannte ich, dass körperliche Wehrhaftigkeit jedoch nicht alles ist. Irgendetwas fehlte. Ich versuchte über meinen Intellekt die Lösung zu finden, musste jedoch auch dabei erkennen, dass alles nur in mir selbst zu finden ist. Jede Idee, jede Vorgehensweise und jedes Miteinander musste aus meinem Herzen entspringen.

Mit dieser Erkenntnis begann die Reise in mein innerstes Sein. Eine wunderbare Kombination zum körperlichen Ausdruck, denn es erfüllte mich mit Freude und Zufriedenheit.

Leicht angelehnt an das Buch „die Prophezeiungen von Celestine" schuf ich ein ebook, dass die Möglichkeit aufzeigt auch hier, in diesem Land, diejenigen Erkenntnisse zu erhalten, die man braucht. Man muss nur genau hinschauen.

Zeitfracht Medien GmbH
Ferdinand-Jühlke-Straße 7
99095 Erfurt, Deutschland
produktsicherheit@kolibri360.de